막장 속에서 피어난 꿈

- 광부들의 삶 -

권이종 엮음

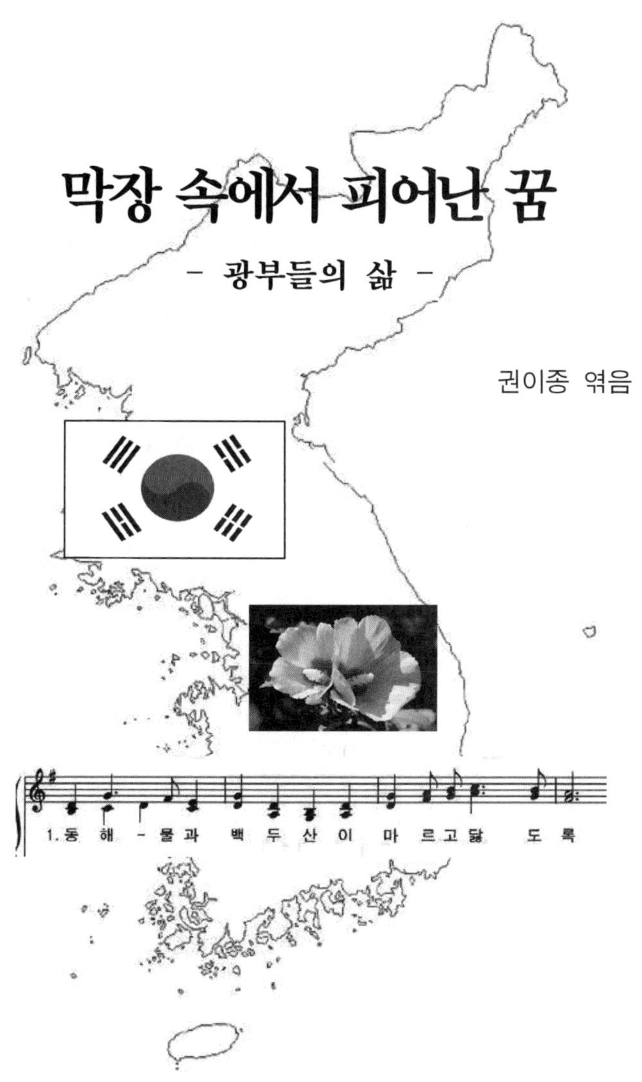

지성공간

목 차

제Ⅱ부 독일 광부 출신들의 수기

|발.간.사|

고난의 젊은 날을 글로 옮기며

김태우 (한국파독광부총연합회 회장,
신영영화사 대표)

우리가 겪은 고난의 세월, 그로부터 47년의 시간이 흘렀다. 20대의 젊은 우리들은 이제 하얀 백발의 노인 70고개를 넘어가고 있다. 광활한 사막의 사구 앞에서 뒤돌아본다. 출발하던 사막의 첫 발자국은 무작정 떠나던 그 시절의 젊은 가슴은 사막 모래알에 뿌려졌다. 47년의 흐름 속에 남은 것은 넘어야 할 사구가 앞을 막는다. 우리들은 사구를 뛰어넘어 사막의 샘물을 향해 다시 걸어가야 하지 않는가.

서독광산의 피와 땀 눈물을 흘리던 젊은 날들을 보내던 7,968명의 동료들은 지난날의 광산의 고난과 역경의 추억을 되새기며 오늘을 보낸다. 2010년 우리들의 조국은 눈부신 성장과 발전으로 이어졌다. 지난날 우리들의 땀이 있어 오늘이 있는 것이다. 몇몇의 동료들이 글을 모아 책자를 내면서 이 책은 우리가 다시 출발하는 신호가 될 것이다. 우리들의 숭고한 땀의 가치는 역사에 기록되어 후손에게 남겨지고 그 정신은 후세들이 받아 어떠한 고난이 오더라도 넘어갈 수 있는 용기로 이어지리라고 믿는다.

역사 속에 1963년 12월 21일 휘몰아치던 김포공항의 살을 에는 겨울바람은 대한민국에 신나는 바람으로 희망을 날라주는 바람으로 바뀌어 가고 있다. 그 때의 '고난의 벽을 넘어 라인강'으로는 이제 선진 대한민국의 '희망이 흐르는 한강'으로 되돌아오고 있다.

우리들의 마음의 글은 소박한 희망의 글로 읽는 사람들에게 남겨졌으면 좋겠다.

|머.리.말|

광산 막장은 낮게는 수십 미터 깊게는 지하 수천 미터이기 때문에 언제 무슨 사고가 생길지 모르며, 특별한 대비책도 없어 무척이나 위험한 곳이다. 그래서 마지막을 뜻하는 '막장'이라는 말이 생겨난 듯싶다.

첨단문명을 자랑하는 21세기에도 광산 작업은 여전히 위험이 존재하는 바, 작업 환경과 조건이 훨씬 열악했던 과거에는 두말할 나위도 없을 것이다.

예나 지금이나 광부들은 생명을 담보로 작업을 하고 있다고 해도 과언이 아니다. 제대로 알려지지 않을 뿐이지 전 세계 수많은 광산에서 거의 매일 사고가 일어나고 있다. 중국만 해도 매년 2~3천 명의 광부들이 막장에서 사망한다고 한다.

지난 8월 칠레 광부들의 매몰 사고는 전 세계 모든 나라와 사람들을 경악하게 했다. 전 세계의 매스컴은 칠레 광부들의 매몰과 구출 과정을 집중 조명했고 영화와 다큐멘터리 제작에도 착수하는 한편, 사고 발단부터 구출까지의 모든 내용을 담은 책을 발간할 계획이라고 한다.

이처럼 전 세계의 이목이 칠레에 집중되었을 때, 저자는 물론 세계 곳곳에 살고 있는 파독광부 출신 8천여 명은 그 누구보다도 가슴을 졸이며 충격과 슬픔 속에서 79일이라는 시간을 보내야 했다. 지하 수천 미터 광산에서 일한 경험이 있는 우리에게는 바로 자신의 일과도 같았기 때문이다.

1960년대 말 파독광부로서 3년 근무하는 동안에서 백여 명에 가까운 사망자가 발생했다. 그들의 시신은 물론 금의환향의 꿈마저 머나먼 이국땅에 묻어야만 했던 것이다.

뿐만이 아니다. 당시 파독광부 가운데는 부상을 당한 이도 많아 현재 장애인협회도 조직되었으며, 지속적인 도움을 필요로 하는 동료들이 많다. 또 극히 일부이기는 하지만 광산 작업으로 인해 진폐증을 얻어 현재 사경을 헤매는 동료들도 있다.

이 책을 쓰게 된 목적은 파독(派獨) 47주년을 맞아, 이제는 잊혀 가는 역사를 되돌아보며 당시 광부들의 헌신과 희생이 국가 경제 발전에 기여한 사실을 재조명하고, 21세기 한민족의 새로운 역사를 창조하는 토대를 마련하기 위함이다.

아울러 이 책을 읽는 젊은이에게는 꿈과 희망을, 중년층에게는 도전의식을, 노년에게는 건강과 행복한 삶을 주었으면 하는 것이 저자로서의 작은 소망이며, 독자들의 이해를 돕고자 다음의 사항을 분명히 밝힌다.

첫째, 집필자들의 독창성을 최대한 살리기 위해 각자의 수기 주제와 단락 구성 등을 필자의 의도대로 자율적인 기술을 최대한 보장하였다.

둘째, 1963년 12월 21일이 외화벌이 첫 삽을 뜨러 간 파독광부 47주년 출국 일에 맞춰 발간하려다 보니 충분한 시간적 여유를 갖지 못해 여러 면에서 보완이 필요하고, 파독광부 모두가 아닌 일부만의 글만 실은 점을 무척이나 조심스럽게 생각한다.

앞으로는 보다 준비를 철저히 하고, 세계 도처에 살고 있는 파독광부 출신들의 수기를 모아 제2, 제3의 수기집을 발간하고자 한다.

글을 쓰는 사람은 항상 자신이 쓴 글에 대하여 만족하지 못한다. 이 책 또한 그러한 불만을 해소하지 못한 채로 탈고하였다. 이에 대한 전적인 책임은 엮은이 능력의 한계일 것이다. 하지만 기회가 주어지는 대로 지속적인 수정 및 보완을 할 것을 약속드린다.

이 글이 한 권의 책으로 만들어지도록 도움을 주신 지성공간 출판사 모든 분께 진심으로 감사드린다. 지면을 빌어 또한 본 연합회 정선주 실장께도 고마움을 전한다.

2010년 12월 21일

사단법인 한국파독광부총연합회

엮은이 권이종

제 I 부

한국 · 독일 · 칠레 광산사고와 구출과정

한국 광산사고와 구출

석탄이나 광물질의 매장구조가 나라마다 다르다. 한국의 경우에는 특히 석탄의 경우 고구마와 무형태의 석탄층을 가지고 있는 데 비하여 독일 같은 나라는 떡살 같은 석탄층을 가지고 있다. 그러므로 광산사고 역시 한국, 기타 다른 나라 또는 독일 등이 다 다르게 발생하게 된다. 지하에서 석탄 채굴이나 광물질 채굴을 하는 데는 낮은 곳은 지하 10~20미터에서 시작하기도 하지만 깊은 곳은 1400~1500미터 깊이에서도 작업을 하게 된다.

이 글을 쓰기 위하여 한국 광산매몰사건 중에서 독일, 칠레와 같은 유사한 사고의 사례를 찾아 짧은 글로 소개한다. 물론 모든 사고를 다루는 것이 아니고 매몰 기간이 길면서 국내외적으로 충격을 주었던 사고의 한 사례를 선택하게 되었다.

아래 글은 경향신문과 중앙일보에서 다루었던 1967년 한국의 광산 매몰사건의 주요 기사를 발췌한 것이다.

[경향신문] 2010년 9월 5일

1967년 구봉광산 매몰 광부 16일 만에 구조

1967년 한국은 가슴 졸인 늦여름을 보내고 있었다. 충남 청양군 구봉광산 매몰사고 때문이었다. 8월 22일 갱도 천장이 무너지는 낙반사고로 수직갱도에 갇혀버린 광부 양창선 씨의 생환 여부에 국민의 눈귀가 쏠려 있었다.

사고는 낡은 갱목이 부러지면서 발생했다. 양씨는 다행히 갱도 내 대피소로 피신했다. 대피소는 비상용 식수가 마련돼 있었고 지상과 연결된 전화기도 있었다. 무너진 돌과 흙더미는 15m 두께였지만 광업소 측은 구조할 엄두를 못내고 손 놓은 채 3일 넘게 허송했다. 구조장비가 제대로 갖춰지지 않았기 때문이다.

매몰사고, 더 엄밀히 말하면 양씨의 '생존'이 세상에 알려지면서 제대로 된 구조작업이 시작됐다. 정부 당국이 직접 나섰고, 미국 전문가들도 구조작업에 참여했다. 구조작업과 양씨의 상태는 방송과 신문을 통해 연일 중계됐다. 양씨는 전화기를 통해 자신의 상태와 심경을 지상에 전달했다. 구봉광산은 뉴스의 초점이 됐고 '철인 양창선'은 장안의 최대 화제였다.

매몰 10일째 박정희 대통령의 지시로 청와대 비서관이 매몰현장을 찾은 후 인접 지역 시장, 군수, 경찰서장이 앞 다투어 다녀가기도 했다. 사실 이 같은 범국가적 관심은 상당히 이례적인 일이었다.

당시 광산 매몰사고는 광부 개인의 불행으로만 여겨졌으며 세상 밖으로 잘 알려지지 않았다.

매몰 16일 만인 9월 6일 양씨는 극적으로 구조됐다. 구조 순간은 TV와 라디오로 생중계됐다. 양씨는 구조 직후 구조대원들에게 "수고 많았습니다."라고 처음 입을 떼면서 열렬한 국민적 관심에 화답했다. 양씨가 회복되는 과정도 세세하게 보도됐다. 곳곳에서 양씨 돕기 성금모금 캠페인이 벌어졌다.

정부와 여당이었던 공화당에 양씨의 인간승리 드라마는 각별했다. 이해 6월 8일 치러진 총선은 전국적인 부정선거 의혹이 제기돼 정국이 어수선했다. 더욱이 5월 대선에서 박정희는 턱걸이 하듯 간신히 당선됐던 터였다. 그런데 양씨 스토리는 정치적 사안들을 블랙홀처럼 빨아들였다. 양씨 스토리는 궁지에 몰린 박정희와 공화당에 숨통을 틔워주었다. 구봉광산 사고 직후 정부는 모든 광산의 채굴작업을 중단시키고 안전점검을 실시했다. 이어서 안전사고 대책 마련에 착수했다. 정부의 발 빠른 후속조치는 두 차례 선거 이후 이반된 민심을 의식한 결과였다.

[중앙일보] 2010년 10월 14일

67년 매몰 16일 만에 구조됐던 양창선 씨

중앙일보 인터뷰

"사흘 지나니 배고픔도 못 느꼈다 칠레 광부들 악몽 빨리 잊어야"

1967년 충남 청양군 사양면(현 남양면) 구봉광산에서 매몰사고가 발생해 광부 한 명이 갱도에 갇혔다. 이 광부는 16일 만에 기적적으로 구조됐다. 기적의 주인공은 양창선(79 · 충남 부여군 부여읍 · 사진) 씨. 양씨는 40년 전의 일을 생생하게 기억하고 있었다. 그는 "지상에서 내려 보낸 밧줄을 묶은 널판지를 타고 좁은 구멍을 통해 간신히 구조됐다."고 말했다.

사고가 난 것은 그해 8월 22일 오전 8시. 구봉광산 배수부에서 막장의 물을 퍼내는 일을 했던 그는 건물 50층 높이인 지하 125m의 갱 안에 꼼짝없이 갇히게 됐다. 막장 안을 받치는 갱목이 너무 오래돼 썩어 무너져 내렸기 때문이다. 군에 있을 때 해병대에서 통신 업무를 담당했던 그는 망가진 군용 전화기를 이용, 갱 밖과 간신히 연락했다. 여름이었지만 갱도 안은 섭씨 15도 이하였다. 그는 "갱도가 무너져 암흑천지가 됐고 추위 때문에 온몸이 떨렸지만 침착하려 노력했다."고 말했다. 양씨는 천장에서 떨어지는 물로 목을 축이면서 버텼다. 많이 마실 경우 체내의 염도가 너무 저하될 것을 우려해 하루 맥주 컵으로 한 컵 정도만 마셨다고 한다. 그는 "아무것도 먹지 못해 3일까지는 통증이 대단했으나 그 이후는 별 느낌이 없었다."고 했다. 그는 힘이 빠지면 누워 있다가 잠드는 생활을 반복했다.

中央日報

「人間만세」凱歌올린「死闘16日」

金昌善씨, 歡呼속 서울에

어젯밤 9時15

空軍機로 중앙

16일 만에 구출된 양창선 씨. 본명은 김창선이었지만 입영통지서에 양씨로 바뀌어 그대로 사용했다고 한다.

양씨의 전화 연락이 성공해 '생존'이 바깥에 알려지면서 구조작업이 시작됐다. 정부 당국이 직접 나섰다. 미국 전문가들도 구조작업에 참여했다. 사고 당시 1m 75cm, 62kg이었던 그의 몸은 구출 순간 45kg에 불과했다. 그러나 양씨는 "땅 위로 나올 때 걸을 수도 있었다."고 말했다. 그는 "한국전쟁 중 전투를 하면서 일주일 이상 굶은 경험이 생환에 크게 도움이 됐을 것"이라고 했다. 양씨는 "지금도 매년 사고를 당한 시기만 돌아오면 팔다리가 쑤시고 기운이 없다."고 털어놓았다. 그는 "구출된 칠레 광부들도 취미생활 등 좋아하는 것에 몰두해야 사고 악몽을 빨리 잊을 수 있다."고 조언했다./김방현 기자

독일 광산사고와 구출

Lengede 광산의 불행

2010년 8월 5일 칠레 광부들이 매몰되어 68일간이나 33명의 광부들이 생존을 했으며 성공적으로 구조할 수 있었던 것은 전 세계에서 이와 같은 크고 작은 광산사고, 특히 1963년 10월 24일 독일 Lengede(Broistedt) 도시에 있는 철광산(Eisenerzgrube)에서 물을 저장하는 호수와 같은 물탱크가 터져 지하로 물이 들어가는 침수사건 등의 구조 경험이 있었기 때문이다.

다음 글은 독일 광부들의 매몰과 구출과정을 소개한다.

1963년 10월 24일 독일 렝게데 철광산에 물저수장에서 탱크가 터져 460톤의 물과 진흙이 광산지하로 유입되어 그들의 구조작업을 진행하는 내용이다.

지하 광산 60~100미터 갱도가 침수되었다. 이때 지하 광산에는 129명의 광부들이 일을 하고 있었다. 순식간에 갱도 안은 아수라장이 되었고 정전이 되었기 때문에 모든 기계경보시설과 전화기 등이 모두 마비된 상태였다. 사고가 있은 후 한 시간이 지나서 79명은 지하를 오르내리는 승강기를 이용하여 바로 지상으로 구출되었다. 23시간이 지난 후 7명의 광부가 추가로 구조되었다. 11월 1일에 3명이 또한 구조되었다. 이때 지하에는 40명의 광부가 남아 있었고 이들 중 11명은 11월 7일에 구조되었으나 나머지 29명은 안타깝게도 사망하고 말았다.

사고 직후 광부들의 위치 추적에 상당한 시간이 소요되었으며 특히 광산 사장은 그들의 생존 가능성을 포기하고 구출작업을 중단하자는 주장을 계속하였다.

사건경위

Lengede의 불행한 광산사고는 1963년 10월 24일 오후 7시 30분에서 8시 사이에 일어났다. 이 불행한 사고는 광산 지하에 물을 공급하는 호수처럼 큰 물탱크가 터져 많은 물과 흙탕물이 일시에 갱도에 흘러들어 생긴 사고였다. 광부들이 매몰된 지하는 60~100미터 정도였다. 이때 갱도 안에는 129명이 일을 하고 있었는데 이들 광부 중 79명은 공기가 투입되는 승강기를 통하여 한 시간 이내에 구출될 수 있었다. 지하에 들어간 물로 인하여 19명의 광부는 바로 사망하였고, 그 나머지 광부들을 구출하기 위하여 많은 구조대원들을 조직하여 협의하였으나 대부분의 협의 과정에서 광부들을 구출하는 데는 가망이 거의 없다고들 하였다. 그러나 경험 많은 몇몇 광부들에 의하여 한사람이라도 생존자가 있을 가능성이 있으니 구출을 시작해야 한다는 의견이 모아졌다. 구출작업을 시작하기로 결정된 후 투입된 인원은 951명이었다. 회의가 진행되는 동안 23시간이 지난 후 다시 7명의 광부들이 구조되었다.

Lengede 광산 사건에 대하여 약 460여 개의 방송과 텔레비전 매스컴은 이 장소에서 구출과정을 보도하였고 이 사건에 대해 전 독일에 생중계되었다. 이 외에도 전세계에서 450명 이상의 기자들이 경쟁적으로 보도에 참여하였다.

11월 1일 또다시 세 명의 광부가 구조되었다. 이 세 명의 광부들이 지하에 있는 파이프를 돌로 두드려서 그 신호가 쇠파이프의 공기통을 통하여 지상까지 알려지게 되었다. 그 이후 나머지 광부들을 구출하기 위하여 광산 경험이 많은 원로 광부들의 의견을 들어 어느 지점에 이들이 있을 것이라는 자문을 계속 받게 되었다. 이렇게 구출 작업이 진행되는 동안에 나머지 광부의 가족들과 관계자들은 그들이 살아 있을 것이라는 희망을 갖지 못한 채 장례위원회까지 구성하여 장례식 준비를 했다. 이러한 과정을 진행하면서 그들을 구출하기로 결정한 구조위원들은 11월 3일 오전 4시경 그들의 생명에 도움이 될 식량과 음료를 공급하기 위한 작은 구멍을 뚫기 시작하였다. 위원회에서 확정한 정확한 깊이는 지상으로부터 58미터였다. 11명이 생존해 있는 것으로 알려져 5.8센치 넓이의 구멍을 뚫어서 식량과 음료, 전화기, 현미경 등의 물품을 공급하여 그들과 의사소통을 할 수가 있었다. 국수, 감자, 고기, 죽, 차, 커피, 바나나, 사탕, 담배 등 다양한 물품을 공급했다. 그 안에 살아 있으면서 음식을 먹는다는 사실이 알려진 후에는 11월 4일 오전 3시경 사람을 구출하기 위한 구멍을 넓이 52.2센치로 파기 시작하였다. 11월 6일에는 독일수상 에르하르트가 헬기를 타고 이 사고현장을 방문했고 독일 수상이 "여러분에게 좋은 소식을 전하러 왔다"며 매몰광부들과 대화를 시도하였는데 광부들은 "우리들을 놀리지 말라"는 농담으로 답하며 수상이 왔다는 사실을 믿지 않았다고 한다. 사고가 난 14일째인 11월 7일 오전 6시 4분에 드디어 생명의 캡슐에 광산간부를 태워 지하에 내려 보내 구출작업을 진행했다. 그리하여 마지막 광부가 11월 7일 오후 2시 20분에 드디어 지상에 올라와 빛을 볼 수 있었다. 그 이후 슬프게도 29명의 광부들은 싸늘한 주검으로 돌아왔다. 29명의 사망자 중 3명은 수염이 많이 자라서 매몰된 이후에 거의 2주 정도 생존하다가 사망한 것으로 추정돼 안타까움을 자아냈다.

전 세계의 반응

전 세계의 언론에 보도된 이 불행한 사건은 1953년 영국 엘리자벳 2세 여왕의 즉위 보도 이후 독일과 유럽 역사상 가장 많은 보도가 이뤄졌다고 한다.

구조된 11명의 이름

Bernhard Wolter, Dieter Richey, Adolf Herbst, Helmut Webranitz, Johannes Sitter, Heinx Kull, Siegfried Ebeling, Rudolf Wiese, Hermann Lu..bke, Fritz Ba..r, Helmut Kendzia

구조에 참여된 회사와 기계들

참여한 회사와 기계 종류들을 다 언급할 수는 없으나 독일의 모든 첨단 기술을 동원하여 구조작업을 진행하였다. 예를 들면 최첨단 굴착기계와 100톤이 넘는 구멍 뚫는 기계, 산소공급에 필요한 각종 기계 등 수십 개의 회사와 기계들이 전 독일에서 동원되어 구조작업이 진행되었다.

기타 구조참여자

전 독일 광산에 광산업무와 관계되는 최고의 전문가, 전세계의 우주선 개발전문가와 의료진, 고도의 과학자와 기술자 등

Lengede광산 폐쇄

1977년에 이 광산은 폐광되었다. 폐광 당시는 35명의 광부들이 이곳에서 일을 하였다. 1979년에 42미터의 광산은 드디어 문을 닫게 되었다.

Lengede광산과 관련된 영화

1969년에 첫 영화 '렝게데의 기적'이 제작되었다. 두 번째 영화 '렝게데의 드라마'는 2003년에 제작되어 상영되었다. 이 외에도 매우 다양한 기록 영화가 제작되어 1979년까지 계속적으로 각 방송과 언론에서 방영되었다.

기념관

최근에는 이 광산사고가 있었던 곳에 29명 광부를 기억하기 위한 간판이 세워져 있고 그 간판에는 다음과 같은 글이 새겨져 있다. "우리들은 더 이상 구조될 수 없으며, 신이여 이들에게 평화를 주소서" 또한 렝게데 시청에는 구조 활동에 대한 정확한 과정이 새겨져 있으며 그때 당시에 살아난 아돌프는 현재에도 하노버에서 살고 있다.

자료출처

1963년 11월 6일 독일 국가기록원, 독일제1텔레비전, 독일 텔레비전의 백서, 슈피겔잡지, 렝게데시청 등의 자료들이 있다.

관련저서

'1963년 11월 13일 렝게데의 불행'이라는 주제로 책이 발간되었다. 또한 다른 출판사에서는 '렝게데의 기적'이라는 책이 출간되었다.

* 이 광산에서 28년간 일해 왔던 한 생존자의 일기에서 다음과 같은 내용을 발견했다.

> 지상에서 밝은 날 즐거운 마음으로 일을 시작하게 되었으며 이날은 유난히도 구름이 많이 끼어 있었다. 그 전날 5개월밖에 되지 않은 어린 딸에게 이르기를 "지금 작은 경비로 휴가를 가는 것 보다는 돈을 더 모아서 12월 25일 크리스마스 때 네가 더 자란 후 즐거운 크리스마스를 보내기 위한 선물을 위해 돈을 더 벌러 간다"고 했다. 그 광부는 사실상 휴가를 갈 모든 계획이 세워져 있던 상태였기에 그대로 휴가를 갔으면 이런 불행한 사고를 당하지 않을 수 있었다고 했다.

칠레 광산사고와 구출

이를 계기로 칠레 매몰광부 33인을 위한 글을 2010년 8월 31일 조선일보에 기고한 일이 있다. 이 글의 핵심 내용은 그들이 생존하고 있음을 확인하였고 그들을 위한 음식과 음료를 지상에서 공급했기 때문이다. 그들의 건강상에는 다소 문제가 있을지라도 현대적인 기술로 그들을 충분히 구조할 수 있을 것이라고 예견한 바 있다.

68일간 지하 갱도에 갇혀 있던 33명 칠레 광부들의 구조가 무난히 진행되어 33명의 광부들이 단한명의 희생자도 없이 모두 생존한 것 자체만으로도 매우 놀라운 일이다. 광부들이 긴 시간 생존을 해낸 것도 대단하지만 매몰돼 있으면서도 꿈과 희망을 가지고 노래를 불렀고 운동도 하였으며 서로가 서로에게 힘을 주는 인간적인 모습에 세계가 더 놀랄 수밖에 없었다. 그들이 생존하여 지상으로 한분한분 올라와 가족을 포옹하는 광경은 한편의 기적의 드라마의 역사적인 장르요, 축제의 분위기였다. 그들은 "행복과 건강, 신과 악마, 삶과 죽음의 갈림길"에서 싸웠다고 한다. 이것은 칠레의 기적이며 전 세계가 환호하는 기적이었다.

지난 2010년 8월 5일 칠레 북부 산호세 광산에 매몰된 광부 33명은 습도 90%, 섭씨 32도가 넘는 지하 622미터 갱도에서 두 달 넘게 살았다. 이는 광산 매몰사고로 붕괴된 전 세계 사고 중에서 가장 오랜 생존으로 기록된 신기록이다. 칠레정부와 국제사회가 나서서 모든 지원을 아끼지 않은 덕분에 예정보다 탈출 통로 구축 작업이 빨리 진행되었다.

지하의 약 700미터 갱도에서 70일 가까이 갇혀 있던 33명 광부에 대한 구조가 순조롭게 이루어진 것은 전 세계의 관심사 속에 칠레 대통령을 포함하여 전 세계 지도자층에서 모두 한마음이 되어 구출작업에 총력을 다 한 결과이다. 또한 전 세계의 광산 매몰 사건과 관계되는 모든 전문가와 기계가 총체적으로 동원되어 기계가 투입되었으며 현대과학의 기술이 있어 이들을 구출할 수 있었고 굴착작업도 단축할 수 있었다.

구조되는 과정을 가족과 동료는 물론 전 세계가 숨막히게 현장을 지켜보았으며, 과거 독일광산에서 광부생활을 했으며 사고를 당한 경험이 있는 필자는 광부들의 생환 모습을 누구보다도 가슴 떨리게 지켜보았다. 2010년 10월 13일 오전 10시 구조 캡슐이 내려간 지 50분 만에 빈 캡슐만 올라와서 마음을 졸이기도 했다.

작업반장 루이스우르조아(54세)는 갇혀 있는 동안을 "지옥 같았다"고 표현했다. 그는 지하에서 33인을 대표하는 리더십을 100퍼센트 발휘하였으며 구조되는 날에도 가장 마지막에 지상으로 올라왔다. 또한 63세인 고메즈는 나이가 가장 많으면서 11세부터 광산 일을 해왔기 때문에 지하에 갇혀 있는 동안에도 비교적 안정적인 마음가짐으로 부인에게 감동적인 사랑의 편지를 쓰기도 하였다. 가장 나이가 적은 막내 산체스(19세)는 광산 일을 시작한 지 5개월 만에 평생 잊지 못할 참사를 당하게 되었다. 야네스(29세)는 갱도 속에 있을 때 부인이 아기를 낳아 아빠가 되기도 했다.

지하에서 지낸 상황

8월 5일 저녁 8시쯤 터널 붕괴로 지하 700미터에서 구조대기 장소인 지하 622미터로 이동하였고 사고 17일 후 지상과 연락이 닿기 전까지 지탱할 수 있었던 큰 힘은 현장감독 작업조장 루이스우르조아(54세)의 탁월한 지휘와 강한 조직력이었다. 다른 광부들은 그의 리더십에 철저하게 따랐고 그는 상황설명과 생존을 위하여 뭉쳐야 산다고 역설하였다. 먼저 33인의 광부가 가지고 있었던 하루치 양식을 가지고 배급량을 책정해 48시간마다 비스킷 반 조각, 참치 통조림 두 스푼, 우유 반 컵을 배급했다. 한 광부에게는 오락 지도, 다른 이는 건강 체크 등의 역할을 분담하였다. 또한 그 곳 생활을 하면서 희망과 유머를 많이 사용하였다. 그곳에서의 위험한 생활에 대한 규율과 위계질서가 군대 이상으로 엄격하였다고 한다. 지름 12센치의 금속 캡슐(비둘기)로 오고 간 구호물품과 광부소지품들은 생존 사실을 알린 메모, 휴대용 성경, 주사위, 치약, 칫솔, 휴대용 게임기, 편지, 디지털카메라, 오렌지, 주사기와 약, 비타민드링크, 샌드위치와 진공포장식량, FC바르셀로나 선수들이 사인한 유니폼, 해열진통제, 침대고정용 알루미늄봉 그리고 광부들의 빨래감 등이었다. 그들은 갱도 대피소에 있던 광산용 트럭 9대 안에서 잠을 잤다. 2교대로 불침번을 서서 혹시 모를 추가 붕괴에 대비했다. 붕괴현장 근처에 임시화장실을 만들어 생리적인 문제를 해결했고 작은 지하수를 이용하여 샤워도 했다. 17일 동안 이들의 체중은 약 8~9kg 줄었다고 한다. 그들은 8월 22일 기적적으로 지상과의 연락이 닿았다. 구조대는 지름 13센치의 구멍을 뚫어 간이변기와 책, 항내우울증치료제, 가족의 편지에 이어서 식량과 물을 먼저 공급했다. 다음으로 조명과 통신기기, 정신건강을 위한 카드게임, 주사위, 소형비디오재생기 등을 내려 보냈다. 식사량도 일일 남자 성인기준 2200칼로리에 맞추어 제공했다. 아침 7시에 기상하여 식사와 샤워를 했고 3개조로 나누어 오전에는 갱도의 공기와 붕괴상태를 체크하고 외부와의 연락 등을 취했다. 정오에 점심식사 후 전체 회의를 열고 기도하는 시간을 갖기도 했다. 오후에는 가족들에게 편지를 쓰거나 음악을 들었고 지상에서 보내온 카드, 도미노 게임을 했다. 교황이 직접 보낸 성경책도 받아서 읽었다. 밤에는 조명을 줄여 낮과 밤의 개념을 구분하기도 했다. 지상의 료진의 지시에 따라 간단한 신체검사와 약 복용도 했으며 밤 10시 정각에 취침하였다.

칠레 광부 구조작업 진행과정

구소는 어떻게 진행되었나?

본격적인 구조작업은 10월 12일 오후 10시부터 시작되었다. 구조단은 각종 구조용 기계를 최대한 점검한 후 캡슐을 통해 구조대원을 지하로 내려 보냈다가 캡슐을 다시 끌어올리는 사전 점검 작업을 했다. 광부들을 도와줄 수 있는 의료진을 최초로 내려 보냈다. 매몰된 광부들은 리더의 지시에 따라 순차적으로 지상에서 내려 보낸 구조대원의 안전수칙과 작업 절차를 밟았다. 캡슐을 통하여 지상에 올라올 때 어지러움과 혈압 강하 등을 방지하기 위해 팔과 다리 등 심장에 고무 밴드를 착용하고 산소 호흡기 등 각종 안전장비를 갖춘 뒤 한명씩 캡슐에 탑승시켰다. 지상에 가까워 오면 불빛과 함께 사이렌이 일 분간 울리며 광부들이 모습을 드러낸 순간이 임박했음을 알렸다. 지상으로 올라온 광부들은 대기했던 의료진에게 응급처치를 받은 후 시내 병원으로 옮겨져 건강진단을 받았다. 인명 구조 역사상 지하 가장 깊은 곳에서 이뤄진 이번 구조 작업은 '불사조'란 이름이 붙여진 캡슐이 지하로 내려가는 시간은 약 30분 정도가 걸렸고 지상으로 올라오는 시간은 약 15분가량이 소요되었다.

구조를 위한 전 세계 전문가들로 구성된 구조위원들과 함께 각종 지질조사, 장비점검 등을 마친 뒤 8월 30일부터 굴착작업을 시작했다. 광부들의 생존이 확인된 지 한 달 만인 9월 17일에 광부들이 있는 지점까지 구멍을 뚫는 데 성공했다.

선글라스는 왜?

그들이 구조되어 지상에 도착했을 때 선글라스와 산소마스크 등 각종 장비를 갖춘 모습이었는데 생사의 갈림길에서 구조된 모습치고는 꽤나 멋들어진 복색으로 보였을지 모른다. 그러나 이들이 선글라스를 쓴 까닭은 멋을 내기 위해서가 아니라 시력을 보호하기 위해서였다. 두 달 넘게 햇빛을 보지 못했던 광부들이 갑자기 빛을 받으면 시력이 급격히 손상될 수 있다.

구조 순서

33명의 광부 중 첫 번째로 플로렌시오 아발로스(31)가 구출된 데 이어 마리오 세불베다(39), 후안 일리아네스(53) 순서로 지상으로 올라왔다. 첫 네 명은 구출작업 초반의 심리적 부담 등을 고려해 건강이 양호한 광부들이 먼저 구출되었다. 이후에는 건강이 좋지 않은 10명이 차례대로 구조되었다. 결혼도 하였고 2명의 자녀가 있는 아발로스는 신체가 건강하고 담력이 커서 위험이 따르는 구출작전의 첫 주자로 결정되었다고 한다. 구조대의 지회관은 첫 구조자는 지상으로 구출되는 동안 발생할 수 있는 만약의 사태에 대비할 수 있는 정신력을 갖춘 사람이 될 것이라고 말한 바 있다. 그도 그럴 것이 홀로 비좁은 캡슐에서 15분간을 인내해야 하는 고도의 스트레스 상황을 상상해보라. 또한, 마지막 구조자는 동료들이 떠나가는 모습을 보면서도 의연하게 버틸 수 있는 사람이어야 했기에 사고 후 외부와 연락이 닿기 전 17일 동안 강한 리더십으로 동료들을 지휘했던 작업반장 루이스우르수와(54)였다.

가족들의 모습

매몰 광부의 구조일이 가까워 올수록 광산 앞에 마련된 '희망캠프'에 모인 가족과 친지들은 사랑하는 아들, 남편, 애인을 기다리며 한껏 들뜬 모습이었다. 특히 광부의 아내와 애인들은 조금이라도 아름답게 보이려는 마음에 외모를 한껏 가다듬었다고 한다. 매몰된 클라우디오 야네스의 애인 크리스티나 누네스(26)는 "머리에 크게 손을 대 본 적이 없지만 이번에는 금발로 부분염색을 하고 조금 잘랐다. 그를 끌어안고 입 맞추는 순간만 고대하는 중"이라며 긴장을 감추지 못했다고 한다. 또, 결혼 5년차인 한 광부의 아내는 손톱에 색색의 매니큐어를 칠해 '희망 캠프'에 머무는 여성들의 부러움을 한껏 받았다고 한다.

희망 캠프에는 가족, 친지들 외에도 33개국 500여 명의 외신기자들을 포함한 1천 여 명의 취재진들이 몰려 있었는데 광부 가족들은 그들과 함께 광부들의 생사에 관심을 보여 온 세계 각국의 사람들에게도 고마움을 전했다. 록사나 아발레스는 "광부들의 소식은 칠레를 넘어 세계적이 뉴스가 됐다. 처음부터 끝까지 관심을 갖고 함께 해준 언론과 전 세계 사람들에게 감사드린다."고 했다.

칠레 광부 생환 기적의 일등공신들

매몰 광부들의 감동적인 생환 기적에는 이들의 피말리는 여정을 함께 했던 여러 '조연'이 있었기에 가능했다. 그중 대표적인 인물이 붕괴 사고 이후 가장 많이 언론에 오르내린 라우렌서골본 칠레 광업부 장관이다. 광부들의 생존이 확인된 이후 줄곧 현장에 머물며 구조작업을 진두지휘한 골본 장관은 광부들 무사귀환의 일등공신으로 꼽힌다. 그는 흔들림 없이 구조 작업을 이끄는 강인한 모습을 보이는가 하면 희망캠프에 머무르는 광부 가족들에게는 항상 밝은 얼굴로 친근하게 인사하며 배려하는 인간적인 모습도 각인시켰다.

현장 구조팀장을 맡아 난항이 예상되던 구조작업을 순조롭게 이끌었던 안드레 소가레트도 광부들의 사투를 해피엔딩으로 일궈낸 주연급 조역이다. 49세의 토목기사인 소가레트는 매일 현장에서 기자들을 만나 구조 관련 소식을 전한 것 외에도 트위터를 통해 광부들의 안부와 구조 속보를 공유하기도 했다. 이밖에 '34번째 매몰 광부'로도 불리며 광부들의 생환에 지속적인 관심을 보였던 세바스티안 피녜라 칠레대통령, 광부들이 건강한 모습으로 나올 수 있도록 최선을 다한 하이메 마냘리치 보건장관 등도 구조작업에 투입된 많은 대원들과 함께 역사적 순간의 한 페이지를 장식했다.

또한 마지막 33번째 광부를 지상으로 올려 보낸 뒤에도 지하에서 뒷정리까지 하고 올라온 구조대원 6명을 빼놓을 수 없다. 이들은 짧게는 10~25시간 동안 지하 대피소에서 활동하며 광부들을 지상으로 올려 보내는 일을 도왔다. 이들은 무엇보다도 광부들이 심리적으로 동요하지 않도록 주력했다고 한다. 맨 먼저 들어가 맨 마지막으로 나온 수석 구조대원 곤살레스는 "당신들이 해변에 있다고 상상하라"고 광부들에게 주문했다고 한다. 또 지하에 설치된 카메라를 광부들의 얼굴에 비추면서 "곧 지하에서의 모습을 그리워하게 될 것"이라며 광부들의 심리적 안정을 위한 농담도 건넸다는 후문이다.

위기에 강한 국가 칠레

산호세 광산 붕괴사고 발생부터 매몰 광부 구조에 이르기까지 칠레가 보여준 단호하고 효율적인 대응 능력은 이 나라가 그동안 축적해온 국가적 역량을 국제사회에 과감 없이 보여주고 재난의 위기를 국가의 격을 높여주는 기회로 탈바꿈시키는 저력을 보여줬다. 이와 같은 위기관리 능력은 잦은 대형사고 경험, 정치적 안정, 경제력 및 기술력 성장 등이 바탕이 되었다고 전문가들은 분석한다. 또 국민 대부분이 가톨릭 신자로 구출과정 내내 국민들은 매일 성호를 그으며 광부들의 생환을 위해 기도했다. 종교가 국민 통합과 침착한 위기 극복의 원천으로 작용한 것이다.

광산 매몰사고가 있기 6개월 전인 지난 2월에도 칠레에는 규모 8.8의 강진으로 521명이 사망하고 300억 달러 이상의 재산피해를 입었지만 칠레는 경제적, 정치적 혼란 없이 침착하게 사고를 수습했다. 1960년 5월 월드컵 준비에 한창이던 때에도 규모 9.5의 사상 유례 없는 지진으로 건축 중이던 월드컵 관련 시설물을 비롯해 주요 건물들이 파괴된 사고가 있었다. 그때도 국민들은 하나가 돼 국가 재건에 뛰어들었고 월드컵 경기장과 관련 시설도 성공적으로 건설했다. 일각에서는 칠레의 저력을 60만 명에 이르는 '독일계 칠레인들'의 지도력에서 찾는 분석도 있다. 19세기 중반(1848년) 독일의 자유혁명이 실패로 돌아간 후 칠레로 건너온 독일계 이민의 후손들이다. 이후 오스트리아, 스위스, 알자스 이민자들을 흡수하면서 오랫동안 칠레의 정치, 경제, 문화 분야에서 매우 중요한 역할을 해오고 있다.

인간 정신과 희망의 힘

칠레 매몰 광부의 첫 구조자가 올라오는 것을 보며 피네라 칠레 대통령은 "우리는 결코 굴복하지 않겠다는 약속을 지켰다."며 "칠레의 정신, 힘, 신념, 그리고 희망이 광부 33명과 함께 부활했다."고 선언했다.

처음 광산사고가 알려졌을 당시만 해도 사람들은 사상 최악의 탄광사고로 끝날 것이라고 생각했으나 사고 17일 만인

8월 22일 생존자를 확인하기 위해 뚫고 내려간 구조대의 드릴에 광부들이 '우리는 피신처에 모두 살아 있다.'고 쓴 메모가 올라오면서 절망은 희망으로 돌변하는 드라마로 바뀌었다.

광부들이 습도 90%, 섭씨 35도를 넘는 지하에서 48시간마다 참치 두 스푼과 우유 반 컵으로 버틸 수 있었던 것은 그들 사이 연대의식과 서로에 대한 격려 덕분이었다. 그들은 조직적으로 연장자 고메스를 리더로 뽑고 그의 지휘에 따라 간호사 출신 광부는 동료들의 건강을 돌보고, 팝송을 잘 부르는 광부는 레크레이션으로 분위기를 돋우고 매일 기도하는 시간을 가졌다. 광부들은 두 팀으로 나눠 한 팀이 자는 사이 다른 팀은 생존에 필요한 활동을 하며 69일을 버텼다. 워싱턴포스트는 "광부 구조드라마를 통해 칠레는 자신의 정신(Soul)을 보여줌으로써 안으로는 국민적 단합, 바깥으로는 강력한 힘을 과시하게 됐다."고 했다.

이번 사고가 전 세계에 감동을 선사한 데는 다섯 가지의 포인트를 짚어 볼 수 있다.

첫째, 광부들 간의 양보와 희생

분란과 갈등이 생길 법도 했지만 광부들은 얼마 되지 않는 음식과 물을 나눠먹으면서 암흑 속에서 버텼다. 초반에는 33인간에 세 부류로 나뉘어 갈등도 있었다고 한다. 그러나 시간이 흐를수록 작업반장 우르수아의 리더십이 빛난 것은 반목과 충돌 때문이었다고 한다.

둘째, 무결점의 완벽 구조 작전

광산 붕괴사고 사상 단 한명의 희생자도 없이 완벽하게 구조된 경우는 전례가 없다. 미국 ABC 방송은 "흠이 없는 구조작업이었다."고 평가했다.

셋째, 가족과 국민의 인내

가족들은 신에게 기도하며 이들이 살아있을 것이라는 신념을 버리지 않았다. 정부를 혼란에 빠뜨리지 않았던 국민들의 인내심도 한몫했다.

넷째, 지구촌 세계인의 따뜻한 관심

전 세계인들은 칠레 광부와 국민의 고통을 마치 자신의 일처럼 여기며 구조를 기다렸다. 지구 반대편 체코의 한 어린이도 트위터를 통해 "꼭 살아오세요."라는 메시지를 남겼다.

다섯째, 신앙심과 희망과 자신감

매몰 광부 33인 중에는 희망과 믿음의 전령도 있어 신앙심 좋은 엔리켄은 종교적 믿음으로 매일 광부들에게 희망의 편에 서게 했다고 한다.

이번 기적이 전해준 가장 감동적인 키워드는 신앙심에 뿌리를 둔 희망일지도 모른다. 독립 200주년을 맞이한 칠레는 연초 강진과 쓰나미를 경험했고 그 폐허 위에서 광산사고가 또 발생했지만 칠레 국민들은 비극 속에서도 희망과 자신감을 버리지 않았다. 산호세 광산 앞에 마련된 희망캠프에 모인 1000여 명의 사람들 사이에서도 국가적으로도 부끄러운 참사에 그칠 뻔한 사고를 재도약의 발판으로 승화시키려는 의욕이 넘쳐났었다.

매몰 광부 구출, 그 후

33인의 광부가 갇혔던 사고지 산호세 광산이 칠레의 성지로 탈바꿈 될 전망이라고 한다. 칠레 대통령은 산호세 광산에 아타카마(광산이 위치한 사막 이름)의 영웅 33인을 기억하기 위한 기념물을 건설할 것이라고 했다. 그는 "우리 세대뿐 아니라 다름 세대까지 앞으로 세워질 기념물을 보며 '희망캠프'의 광부 과족들과 구조작업을 도운 수백 명의 칠레인들을 기억하게 될 것"이라고 말했다. 산호세 광산 인근의 광업도시인 코피아포의 시장도 33인의 광부들을 기리기 위해 지하박물관을 만들겠다고 밝혔다. 또 그는 "이제 우리의 과제는 이런 전 세계적인 인지도를 유지해 가는 것"이라며 "지하 박물관을 광부들의 신념과 희망을 증언하는 장소로 만들어 세계인을 코피아포로 초대하겠다."고 했다. 이뿐만 아니라 각종 다큐멘터리 영화와 서적 출판에 대한 계획도 활발하다. 위기를 기회로 만든, 절망을 딛고 희망을 넘어 미래를 설계하는 칠레인들의 면모를 볼 수 있는 부분이다.

각국의 지원들

미항공우주국(NASA)은 33인 매몰 광부의 건강 유지를 위해 우주인들이 먹는 고칼로리의 우주식량과 건강관리를 위한 노하우를 전수했다. 광부들의 생활환경이 폐쇄된 우주정거장(ISS)과 비슷하다는 판단에서이다.

일본항공우주국(JAXA)은 습기와 냄새를 잘 흡수하는 우주인용 속옷을 보내기도 했다. 32도의 높은 기온 속에서 버텨야 하는 광부들에게는 필수품이었다.

애플의 최고경영자 스티브 잡스는 아이팟을 전달했고 교황 베네딕토 16세는 묵주를 보냈다. 광부들이 가장 좋아하는 축구팀 FC바르셀로나의 선수들은 직접 사인한 유니폼을 전달하기도 하였다.

제II부

독일 광부 출신들의 수기

인생의 꿈과 미래

김태우 (한국파독광부총연합회 회장,
신영영화사 대표)

나는 죽었다, 그러나 살아 있다.

2010년 10월 14일 오후 3시 10여 명의 동료들이 모였다. 서초동 LG 에클라트 726호실, 26평가량의 아담한 본 연합회 사무실이다.

47년 전 그때 그곳을 떠올리며 10여 분 시간이 흘렀다. 박상배 동료가 Knieschuhe(무릎보호대) 이야기를 꺼냈다.

그 순간 내 귓전에 굉음 같은 붕괴소리가 들려오고 나는 잠시 눈을 감고 숨을 멈추고 말았다. 번개 같은 순간 막장의 상황이 전개 되는 거 아닌가.

박상배 동료는 Knieschuhe와 그때를 힘주어 이야기한다.

"저 친구 김태우 그때 이름이 요셉김이었지. 그 이

를 맞지? 무서웠던 친구야. 그때나 지금이나 똑같아." 하는 얘기가 귓전에 들리고 얼굴을 마주쳤다.

나는 왜 Knieschuhe를 까마득히 잊었을까. Knieschuhe 없이는 1분도 아니 아무 일도 할 수 없었던 그 귀중한 것을 그동안 왜 잊었을까. 오늘 왜 그 이야기가 아닌 밤중에 홍두깨같이 나왔는지.

독일 말 Knieschuhe는 '무릎보호대다.'

독일에서 탄광막장에 입항할 때는 탈의실에서 자기의 고유번호(Maken Nummer)에 잠겨 있는 열쇠를 풀고 쇠줄을 내리면 천정에 매달려 있는 사물이 내려온다. 작업복으로 갈아입고, 헬멧, 장화, 물통 그리고 양쪽 무릎에 Knieschuhe를 차고 램프실에 들러 충전용 램프를 머리 헬멧에 걸고 입항장 schacht로 간다.

이 다섯 가지는 절대 필수품이다. 누가 빌려주지도 않고, 가져다주지도 않는다. 이것 없이는 아무 일도 할 수 없다. 자기에게 주어진 배당량의 석탄을 캐낼 수 없다. 내가 일하던 함본(Hamborn) 광산은(독일 탄광의 구조는 거의 같다.) 먼저 수직갱(Schacht)에 설치된 원양기(엘리베이터 같은)를 타고 1km 지하로 내려간다. 그곳에서 내려 충전지용 전차를 타고 수 km 갱도를 따라 수평으로 달려간다. 다시 1km 정도 작은 사생(경사진)이나 수평갱을 따라 걸어가면 채탄 막장에 다다른다. 석탄층 막장의 길이는 250m 정도로 되어 있고, 15~30도 경사로 기울어져 있다. 석탄층의 높이는 80cm~ 2m 사이이다.

채탄 막장에 도착하면 일도 하기 전에 지열로 인해 땀이 나기 시작하고 지상에서 출발할 때 추워서 넣었던 옷은 다 벗고 얇은 런닝과 팬티만 입고 일을 시작한다.

돌층과 돌층 사이에 끼어 쌓여 있는 석탄을 긁어내리는 것이다. 시루떡의 떡과 떡 사이의 콩고물이 석탄과 같은 것이다. 비교적 고르게 규칙적으로 매장되어 있다. 참고로 우리나라 탄광은 고구마 줄기 모양으로 불규칙하게 주렁주렁 매달린 형태의 탄광이다.

독일 탄광은 연속적으로 경사지게 누워 있는 탄층을 250m씩 위 아래로 자르고 위쪽 전진갱도 아래쪽에 운반갱도로 뚫고 그 사이의 탄층을 기계식으로 채굴하는 것이다.

위쪽 갱도에서 아래 갱도의 석탄층을 관통시키고 위쪽에는(Neben Antrib hobel stall) 기계를 설치하고 아래쪽(Haupt Antrieb hobel stall)에는 콘베어를 설치하고 (꽉 쥔 손주먹에 손가락이 벌려 있는 모양의) 돌출된 기계가 돌아가면서 석탄층을 넘어뜨리면 석탄이 쇠 콘베어에 실려 아래쪽으로 내리거나 대기 중인 2.5ton 광차에 실려 지상·권양기(Schacht)로 나가면 선탄장에서 선별한다.

우리가 일했던 막장에서는 채탄기계와 운반 콘베어

를 계속 전진시키며 채탄을 위해 아래 돌층과 위 돌층 사이에 쇠기둥 버팀지주(Stempel)를 세우고 천정을 떠받치는 쇠 받침대(Kappe)를 설치한다. 이렇게 stempel과 kappe로 채탄한 공간을 떠받치면서 기계로 전진시키고 뒤쪽 공간에 있는 stempel과 kappe는 다시 해체하여 앞쪽에 세우는 작업이 반복된다.

생명보호대 Knieschuhe

우리나라 광산은 높은 산에 굴진 갱도를 만들고 석탄을 채탄하지만 독일 광산은 사람들이 살고 있는 도시나 강, 들판 아래 지하에 석탄이 매장되어 있다. 지하 1km 아래에서 채탄함으로 지열이 36도를 넘나들고 지상에서 내려오는 공기는 찜통 같은 더운 공기와 석탄 막장의 돌과 석탄 먼지는 앞이 보이지 않을 정도로 혼탁하다. 쉴 새 없이 움직이는 기계소리, 석탄 무너지는 소리, 돌층 무너지는 소리는 전쟁터의 화염과 터지는 포탄 소리와 같아 그야말로 전쟁터와 다를 바 없다.

이러한 상황에서 Knieschuhe는 "생명보호대"다. 단 1분도 Knieschuhe 없이는 일할 수 없다.

쇠기둥을 설치할 때는 한쪽 무릎을 돌 층 바닥에 깔

고 쇠기둥을 한쪽 손으로 뽑아 올리고 다른 한손은 쇠기둥 사이의 구멍에 쇠고리를 박아 높이를 조절하고 해머로 박아 고정시킨다. 이런 상황에서 무릎보호대(Knieschuhe)는 얼마나 중요하겠는가.

다시 쇠기둥을 해체할 때는 Knieschuhe를 의시하여 무릎을 꿇고 쇠기둥 고리를 해머로 순간에 때려 돌 층을 무너뜨린다. 돌 층을 무너뜨리지 않으면 석탄을 캐낸 공간이 허공으로 남아 엄청난 위쪽 돌 층의 하중을 받기 때문에 붕괴시켜야 한다. 돌층이 무너지는 위험을 피해 살기 위해서이다.

이러한 상황이 하루도 거르지 않고 반복되는 막장 속에서 무슨 생각을 하겠는가. 아무생각도 할 수 없다. 오직 이 상황을 이겨내지 않으면 앞으로의 삶이 없다. 이 말은 방심하면 돌 층에 깔려 죽고 만다는 것이다.

돌가루와 석탄가루를 걸러 주는 필터가 낀 마스크를 입과 코에 착용하고 일하려니 숨이 막힌다.

36도를 넘나드는 지열 때문에 그렇지 않아도 숨통이 막히는 막장이다. 흐르는 땀이 장화 속에 고여 작업하는 동안 몇 번씩 쏟아내고 양말을 짜내야 한다.

250m 길이의 돌층을 쇠기둥으로 떠받히기 때문에 위에서 아래로 밀리는 돌층 하중은 엄청난 무게를 받는다. 떠 바치

는 쇠기둥(Stempel)의 지주 고리를 때리면 힘을 받는 지주가 넘어지고 위 돌층이 무너지기 때문에 잽싸게 빠져나오지 못하면 돌 층에 묻힐 수 있는 그 상황에서 무슨 생각을 할 수 있겠는가. 그래서 일터로 갈 때 주고받는 말은 글뤽 아우프[Gluck auf](일 잘 마치고 지상에서 만나자는 그 인사)밖에 없다. 깜깜한 칠흙 같은 막장에서 얼굴 돌릴 때 램프에 비추어져 마주치는 동료들과는 글뤽 아우프 인사 그 외엔 아무 말도 하지 않는다. 오직 글뤽 아우프, 그 말뿐이다.

그래도 이 말을 많이 듣는다는 건 그만큼 자주 동료를 만나는 것이기에 그나마 다행이다. 막장에서 일할 때는 2명이 한 조가 된다. kumpel(짝)인 것이다. 이렇게 일이 순조로우면 다행인 것이다.

일을 하다가 연약한 돌층이 나와 석탄 채굴하는 앞쪽에서 무너져 허공이 생기면 무너진 돌층의 허공을 나무 침목으로 엉키 설키 집 짓듯 잘 쌓고 그 아래에 Stempel을 세우고 Kappe를 걸어 안전하게 설치하고 채탄기계와 운반용 체인을 다시 가동시킨다. 이때 자칫 하다간 예기치 못하게 무너지는 돌층에 깔려 사고를 당할 수도 있다.

이러한 상황에서 순간순간을 이겨내며 일하지 않으면 강제 귀국당하고 만다. 어디로 도망칠 수도 없다. 3년 계약기간이 끝나면 제3국으로 이민을 가거나 독일에 남아 체류하는 방법도 찾을 수는 있다. 그러나 3년 동안은 어떠한 일이 있어도 독일광산에서 주어진 일에 최선을 다하는 것이 바로 내가 살 길이고 그래서 살아남았다.

왜 Knieschuhe를 잊었는가.

그간 잊은 것은 47년의 세월이 흘러서가 아닌듯하다.

그러면 독일이 싫어서인가?

그것도 아닌 듯하다.

자식이 부모에 대한 은혜를 잘 알면서도 잊는 것 같이 그냥 잊어버린 것 같다. 47년이 지난 지금 나는 Knieschuhe에 대해 부모님에 대한 은혜와 같이 감사할 뿐이다.

47년 전을 회상하며 글 쓰는 이 순간 남산타워를 보고 10센티 정도 되는 몽당연필과 내 손을 보면서 눈을 감았다 떴다 한다. 47년 전, 아니 70평생의 내 삶을 돌이켜 보고 있다. 열 살배기 초등학생도 컴퓨터워드 자판을 잘 치는데 나는 잘 치지도 못하지만 컴퓨터 앞에 앉으면 생각이 멈추고 만다. 한 문장도 나오지 않는다. 그저 몽당연필이 내 인생인 듯하다. 지금도 5센티까지는 몽당연필을 세 손가락으로 꼭 쥐고 사랑한다.

초등학교 어린 시절 나는 가장 좋아하는 장소인 뒷

산 언덕배기 양지바른 곳이나 밭두렁 끝자락 잔디 위에 누워 하늘을 보고 먼 산을 물끄러미 보면서 '내가 크면 무슨 일을 할까? 내 꿈은 무엇인가?'를 생각하는 소년이었던 듯하다.

코 흘리기 시절, 8.15 해방, 6.25 가난의 세월이 덧없이 지나고 1956년 서울에서 고등학교에 들어갔다. 조선전기고등학교 전신인 수송전기고등학교였다. 독일어를 공부하고 싶었고 제2외국어로 독일어를 선택했다. 그러면서 언젠가 독일을 가보고 싶었다.

1960년 안암동에 있는 고려대학교 정경대학 경제학과에 입학했다. 그 해 봄 3월 한국의 정세는 좋지 않았다. 3.15 부정선거로 당선된 이승만 대통령, 이기부 부통령 시절 가난과 혼란 속에서도 젊은이들의 꿈은 부풀어 올랐고 나도 다른 젊은이와 다를 바 없이 4월 3일 교복을 입고 교모 쓰고 가슴에 배지 달고 커다란 가방에 어머니가 정성스럽게 싸주신 밥과 반찬 넣고, 새로운 세상을 여는 대학생활을 시작했다. 경상도, 전라도 각 지방에서 입학한 교우들과 우정을 나누며 인촌 김성수 선생님의 묘소 앞에서 호경회라는 모임도 갖고 기념사진도 찍고 따스한 봄 기운 따라 학교생활이 시작되었다. 4월 18일 12시 점심 먹고 난 시간 신입생 환영 대회가 열렸다. 본관 앞 인촌 동상 앞에 모인 전교생들은 머리에는 고대 띠를 두르고 3.15 부정선거를 외치며 철통같은 교문을 스크랩을 짠 선두들이 뚫고 나갔고 안암동 5거리, 신설동 4거리 할 것 없이 경찰의 벽을 뚫고 흩어진 고대생들은 광화문 앞, 시청 뒤, 국회의사당에 2시부터 모이기 시작했다. 그 날 1960년 4월 18일 밤 7시경 안암동 교정으로 돌아가던 길 청계천 4가 천일 백화점 앞길에서 깡패들의 몽둥이세례를 받고 쓰러진 동료들이 있었고 그 다음날 4.19혁명이 일어났다, 4월 26일 이승만 대통령이 하야함으로써 4.19혁명은 대한민국의 민주화의 불꽃이 된 것이다.

그 해 안암동 캠퍼스는 흙먼지가 유난히 많이 나는 해였다.

반복되는 데모 속에서 나는 캠퍼스가 너무도 싫었다. 1학년을 마치고 그 해 12월 전북 김제 홍복사 근처에 있는 고모 집으로 내려가 홍복사와 인연을 맺었고 그곳에서 겨울을 보냈다. 봄이 되어 서울로 올라온 나에겐 절망의 나날들이 계속되었다. 결국 5.16 군사혁명이 일어나고 말았다. 드디어 올 것이 온 것으로 느껴졌다.

1961년 6월 19일 대한극장에서 '바람과 함께 사라지다' 영화를 몇몇 동기들과 보고 충무로 영화의 거리를 거닐며 그곳에서 영화배우들을 보고 다방에 들려 차도 한잔 마시고 남산 길을 거니는 여유 있는 밤을 보낸 뒤 6월 20일 군에 입대하여 논산 훈련소에서 0032430군번을 목에 걸고 혁명공약을 외우고 작렬하는 여름 햇볕을 만끽하며 훈련을 마쳤다. 9사단 29연대 5중대로 양평에 배속되었고 화폐 개혁을 단행하는 혁명군 시대를 보내며 그 해 겨울 속초 동방 사령부에 파견되어 설악산 마등령 고지에 5명의 학도병이 함께 겨울을 보냈다. 1962년 12월 계급장 상병을 끝으로 집으로 돌아 왔고, 63년 2학년에 복학하여 1년을 보냈다.

1963년 12월 고등학교 친구로 가까웠던 이용현의 친구 양동양 씨를 만났다. 그 분은 철도고등학교를 우수한 성적으로 졸업했고 앞날이 보장된 직장도 있었다. 그러나 그 분은 독일 파독의 길을 선택했고 1963년 12월 21일 제 1진으로 독일로 떠났다.

가자, 독일로

그러던 어느 날 나 역시 파독광부모집 신문 공고를 보고 무릎을 치며 '그래 나도 이 길이다.'하고 결심했다.

파독광부 선발모집은 조건이 매우 까다로웠다.

광산경력 1년 이상 조건은 나에겐 불가능한 조건이었다. 그러나 문을 두드렸고 파독파견 길이 열렸다.

1964년 가을 3학년 2학기 기말시험을 며칠 앞두고 서독출발 통지서를 받고 우이동 아카데미 하우스에서 교육도 받고 삼척 장성탄광에서 현지적응 채탄실습 교육을 마친다. 11월 23일 오후 유난히도 맑은 하늘햇살이 대형 여객기 에어프랑스에서 반사된다. 잠시 시간이 흐르고 김포청사를 뒤로 한 채 무거운 발걸음은 여객기에 옮겨지고 나는 그렇게 서독으로 향했다.

부모형제 사랑하는 여인을 뒤로 한 채, 그러나 내 가슴은 꿈에 부풀고 꼭 돌아오리라 다짐한다.

에어프랑스는 북극 알래스카 공항에 도착했다.

북극점 통과 기념으로 에어프랑스에서 나무통에 담은 포도주를 기념품으로 주었다. 몇 년 후 그 술은 다 마셔버리고 빈 통만 남았다.

그 다음날 쾰른 본 공항에 도착했다. 우리 파독광산기술진 3진 377명은 몇 개의 지역 광산회사별로 분류되어 소속회사별로 헤어졌고 1시간 정도 버스를 타고 질주했다. 한국에서 보지 못한 벤츠 리무진 버스는 너무 쾌적했다. 나는 Duisburg hamborn der Fridrich Thyssen Bergbau AG 2/5 광산에 취업이 된 것이다.

그러니까 한국정부와 서독정부간에 계약에 의한 광산기술 협약에 의한 해외취업이었고 이 취업은 한국 근대사에 기록으로 남고 우리가 번 돈은 경부고속도로, 포항제철소 등 경제개발에 도움이 되었다. 외화벌이 첫 삽을 든 우리들은 한강의 기적을 이룬 부싯돌이 된 것이라 믿는다.

도착 다음날부터 회사에서 받을 월급에서 미리 가불하여 돈을 쓸 수 있어 불편은 없었다. 나는 3일 후 돈을 가불받아 독일에서 가장 싸지만 튼튼한 검정색 자전거를 80마르크를 주고 샀다. 우리 돈으로 4000원 정도였는데 그 당시 국내 은행원, 회사원 1개월 봉급과 맞먹는 돈이었다. 그 자전거는 3년간 유일한 나의 교통수단이었다. 새벽 출근해서 오후 퇴근 그리고 시장보기, 주말 가까운 곳의 여행하기까지 독일 사람들의 자동차가 부럽지 않은 내 자전거였다. 그리고 만족했다. 그러니까 일터, 성당, 라인강과 운하, 산을 넘나드는 유일한 교통수단이었다.

보리밭, 감자밭, 사탕무밭을 가로지르고 유유히 지나가는 운하와 배들, 강위를 가로지르는 Eilzug(급행열차), 철길 위 보호대에서 운하로 다이빙하며 헤엄치는 어린이들, 강가에서 일광욕하는 비키니의 여인들, 내 나라 대한민국과 비교를 하게 되고 가슴이 뭉클해지기도 했다.

그때마다 가슴을 쥐고 생각 또 생각 '꼭 한국에 돌아가 무언가 해보리라. 3년 번 돈 그리고 기술하나 배워 가리라.' 다짐하고 또 다짐하며 한 달 용돈은 20마르크 이상 쓰지 않았다.

그때 내가 받은 봉급은 1000마르크(우리 돈 5만원)가 넘었으니 얼마나 구두쇠였나. 왕소금 중에서도 왕소금이었던 것 같다. 독일 여행은 내가 성공했을 때 하면 된다. 그때 나에게는 절실했던 것은 오직 무언가를 할 수 있는 돈과 기술이었다.

1964년 12월 10일(내 기억으로는 12월 8일) Duisburg hamborn Pestalozzi Halle에 박정희 대통령, 육영수 여사님 그리고 경제 사절단들이 방문했다. 식이 진행되는 동안 숙연한 모습으로 긴장이 흐르고 대통령께서 단상에 올라 말씀이 이어지면서 장내는 끝내 눈물바다가 되었다. 박정희 대통령께서 "나는 한국에 돌아가서 아우토반(Autobahn)을 건설하고 조국 근대화를 꼭 이룰 것이요. 여러분 건강하게 일하고, 배우고 귀국하여 잘사는 나라를 만드는 일꾼이 됩시다." 하는 말씀에 나는 손을 꼭 쥐고 결심했다. 꼭 그렇게 하리라 다짐했다. 그 후부터 더 힘도 내고 노력하는 생활을 하며 세월이 흘렀다.

1967년 3월 17일 성실하게 일하는 사람에게 주는 특전인 직업학교 교육을 받아 일하며 공부하여 Hauer Brief(광산전문기술자격증)를 받았다. 그때 한국 사람으로는 최초로 hamborn광산에서 두 명이 받았다.

그때부터 더 많은 임금을 받았고 송금하고 저축도 했다.

3년으로 접어들면서 앞으로의 장래가 걱정되었고 다시 고민을 하게 된다. 그간 못 다닌 독일을 돌아보리라 다짐하고 정처 없이 길을 떠났다. 15일간의 여행이었다. 동서로 분단된 독일을 보고 싶었고 베를린의 모습과 역사를 보고 싶었다. 기차로 동독을 거쳐 서베를린에 도착했다. 1967년 여름이었다. 2차 대전으로 폐허가 된 건물 그리고 곳곳에 문화재들을 그대로 간직하고 있는 베를린은 나에게 깊은 인상을 주었다. 특히 베를린 올림픽 스타디움에 새겨진 손기정 기념비 앞에서 혼자 자동셔터를 누르고 찍은 사진은 독일에서의 유일한 기념이 되었다. 그 후로는 그 곳을 가보지 못했다. 다시 꼭 한 번 가보고 싶다.

15일의 여행을 마치고 기숙사로 돌아온 나는 6개월 후에 귀국할 준비로 바빴다.

1967년 8월경 함본 광산에서 이상한 소식이 나에게 들려왔다. 한국정부에서 독일 함본 광산 측에 일 잘하고 우수한 파독광부를 추천해 달라고 하여 나를 추천했으며 대한민국 대통령 포상을 신청하여 표창장이 왔으나 김태우 여권에 DDR(동독 통과)스탬프가 찍혀 있어 서독주재 한국본 대사관에서 대통령 표창장을 본국으로 돌려보냈다는 것이다.

나는 그 일에는 큰 관심을 두지 않았고 그것이 중요

한 것이 아니라고 생각했는데 그 후 44년이 지난 2010년 3월에 당시 함본 광산 통역관으로 있던 조림 씨(지금 독일거주)와 행정을 보았던 분으로부터 그것이 사실이었다는 것을 확인하게 되었다. 4.19혁명 50주년을 맞아 2010년 4월 18일 방영된 KBS 일요스페셜 '우리 아버지들'의 주인공으로(4.19와 5.16 파독광부 그리고 지금까지의 삶을 증언하는 프로그램) 출연하면서 독일로 당시의 광산 생활을 촬영하러 갔고, 1964년 12월에 박정희 대통령께서 오셨던 장소(Hamborn pestalozzi Halle)를 찾아 촬영하던 중 그 당시의 광산 행정 담당 선배들을 만나게 된 것이다.

3년 계약의 귀 설고 눈 설고 입 설은 독일생활이 2년 반 지나고 6개월 후에는 귀국하던지 아니면 독일광산에 연장 잔류하던지 다른 3국으로 이민을 가던지 결심을 해야 할 시기를 맞았고 귀국을 나는 귀국 결심을 하기에 이른다.

독일에서는 직장에서 안전교육 영화 등 시청각 영화를 보여주고 제3방송에서 다양한 다큐영화를 접하여 깊은 감명을 받기도 했다. 그러던 중 시청각 교육영화 철(Stell)이 살아 숨 쉬는 영화를 보았다.

저런 영화를 촬영하는 기술자가 되리라 결심하고 촬영기재와 그 기술에 대한 정보를 수집했다. 영화를 촬영하는 기계와 렌즈는 서독 뮌헨에서 생산하는 ARRIFLEX촬영기와 Carl zeiss렌즈임을 알았고 한국에는 그렇게 좋은 최신 장비가 없다는 소식을 듣고 그 길을 선택했다. 그리고 새롭게 영화촬영 공부를 하며 München에 있는 Anold Richiter AG사에서 Arriflex 35mm II-C카메라를 2만 마르크(DM)를 주고 계약하여 1967년 12월 인수하기로 준비를 했다. Müchen에서 6개월 동안 촬영공부를 하였다.

귀국에 앞서 친구를 통해 알았던 1968년 4월 9일 양동양씨(그 분은 그곳에서 결혼하고 다복한 가정을 이루고 아헨공과대학에서 공부 중) 집에 들러 하룻밤을 지내고 Düsseldorf 공항에서 귀국길에 올랐다. 돌아온 김포공항에는 막내아들을 보러 나오신 어머니, 아버지 그리고 형제들, 장래를 약속한 여인이 기다리고 있었다. 사랑하는 사람들과 다시 만난 그때가 나에겐 더없는 행복의 날로 남는다.

충무로 영화판으로

귀국한 후 5일쯤 지나 충무로에 나가 일을 하기 시작했다. 내가 가지고 온 촬영기는 그 때 한국에서 최신장비였고 성능이 좋아 인기가 높았다.

신 필름 신상옥 감독과 충무로 영화사에서 사용계약을 했고 돈벌이도 괜찮았다.

나는 독일에서 촬영 기초기술(촬영기 다루는 숙련기술)을 익혔기 때문에 내가 직접 장비를 가지고 현장에 투입됐다. 그리고 일을 하다보니 더 장비가 필요했다. 독일에 있던 친구 양동양 그 분의 도움을 받아 장비를 추가로 도입하기도 했다.

1969년 9월 9일 귀국 1년 후에 신영필름을 창업하고 영화제작에 뛰어들면서 실패하고 말았다. 독일광산에서 같이 지냈던 고인수 씨로부터 빌려 쓴 돈을 갚지 못해 900,000원에 내가 살던 집을 양도해주었고 150,000원의 작은 전세 집을 얻어 이사를 했다. 사업하던 사무실은 운영이 어려워 폐쇄하고 작은 여관방을 얻어 사업자등록증을 그대로 걸고 혼자서 뛰기 시작했다. 광산에서 고생한 것을 되새기며 뛴 것이다.

촬영기를 영화사에 렌트하면서 국가홍보영화촬영을 내 손으로 직접 하기 시작했다. 낮에는 촬영현장으로 다니고 밤에는 촬영기를 빌려주는 일을 하며 세월이 흐른다.

그러던 어느 날 서울역 뒤에 있는 산림청에서 연락이 왔다. 그때 만난 분이 임정섭 공보관과 안 빈 사진 기사였다. 그분들이 "당신 송충이 알아? 소나무 갉아먹는 벌레 말이야. 그거 때문에 우리나라 소나무가 다 죽어가. 이것을 예방하는 계몽영화를 촬영해야 하는데 충무로 영화인은 전부 거짓말쟁이고 나쁜 사람들이야. 못 믿어. 당신 진짜 영화촬영 잘해? 그러면 직접 송충이 찍어와 봐."

나는 할 수 있었다. 왜. 좋은 촬영기, 렌즈와 기술이 있으니까.

그 다음날 엑타클롬 필름(찍은 필름을 현상하면 바로 영사기에 틀어볼 수 있는 필름)을 500ft 구입하여 무작정 앙상한 소나무 산으로 갔다. Zoom렌즈(25-250)를 장착하고 소나무에 매달려 솔잎을 갉아먹는 송충이를 잡으니 솔잎 끝에서부터 곡예 하듯 원형으로 솔잎 끝부터 갉아먹는 모습을 촬영할 수 있었다. 약 15초 동안에 솔잎 하나를 다 갉아먹고 말았다.

송충이가 번데기가 되고 나방으로 변하고 나방은 솔잎에다 청색알(청포도 같은)을 수백 개씩 낳으면 알에 솔 진이 있어 솔잎에 달라붙고 청포도 송이 같이 주렁주렁 매달린다. 그 알은 부화하여 2~3mm되는 작은 새끼가 나온다. 그 과정을 전부 촬영하여 산림청에 보여주었다. 그 곳에서 박수를 받았고 '산을 푸르게' 계몽영화를 제작하여 그 영화는 좋은 반응을 얻었다. 촬영기술을 인정받은 것이다. 그 후로 고속도로효과분석, 민족의 대동맥, 포항제철, 원자력발전소 기록영화, 서울대학교 건설기록영화, 영동 동해고속도로 건설기록, 영일지구 사방사업기록 그리고 스페인 세비아 박람회 홍보영화, 대전 엑스포 70mm 정부

주제관 영화까지 경제동향보고, 기술진흥확대회의보고 국가홍보촬영에 25년을 보냈다. 한편 계속 새로운 장비를 도입했고 내 아내는 뒤에서 장비 렌탈을 도왔다. 경제적으로 안정도 찾고 회사도 성장하게 된다.

기술 개발과 나의 삶

영화 촬영은 단순한 촬영기만으로 만드는 것이 아니라 장비와 기술, 사람이 하나가 되어 이루어지는 종합예술로서 기술개발 없이는 성공할 수 없음을 절감하고 영상장비 기술개발에 모든 힘을 쏟기 시작했다.

돈이 생기면 렌즈 하나 더 사고 또 돈이 생기면 새로운 장비를 도입하고 영상관련 기술을 개발하여 더 좋은 장면을 촬영하는 데 인생을 걸었다.

1990년 세비아 박람회 한국관에서 상영할(촬영기 3대로 촬영하여 영사기 3대로 상영하는) 한국인의 손 대형 3면 멀티 영상, 1993년 대전 EXPO 정부관 70m 대형 영상 달리는 한국인 촬영은 최첨단 장비와 기술이 결합하여 제작한 작품이었다. 이를 계기로 1993년 대통령포상 영상산업발전공로 표창을 받는 영광이 주어졌다.

독일광산에서 돌아온 지 30년이 되는 1997년 한국영화제작은 장비와 기술 없이는 좋은 영화를 만들 수 없다는 판단이 들어 한국영화발전을 위해 새로운 결심을 한다.

그 때 독일, 미국, 프랑스, 영국으로부터 모든 재산을 쏟아 최신장비 도입과 기술개발에 몰두했고 참여한 첫 작품이 쉬리였다. 그 후 실미도, JSA, 집으로, 왕의남자, 추격자, 우생순, 2010년 이끼까지 많은 영화 촬영에 참여했고 촬영장비 전문회사로 오늘에 이른다.

1997년은 시련을 딛고 인생을 다시 살기 위한 선택의 해였다. 1996년 나를 지켜주고 도와주던 아이들 엄마가 내 곁을 떠나 영원히 만날 수 없게 되었다. 이대로 허무하게 지낼 수는 없다, 무언가 다시 해야겠다고 다짐한 것이 새로운 장비와 기술 개발의 열정으로 이어졌다.

그러나 생각치도 못한 IMF가 닥치고 투자가 수포로 돌아가게 되는 어려운 시기가 오고 말았다. 백만 마르크(세금포함 7억)를 지불하고 구입 계약한 촬영장비가 환차손으로 3억 원을 더 지불해야 하는 어려운 시기를 맞으며 위기를 맞게 되었다.

그러던 중 1998년에 영국에서 70m 제작에 필요한 촬영기와 기술 문의가 왔고, 1993년 대전 EXPO 때 구입한 70m 장비와 기술을 10만 달러에 영국에 공급하기로 하면서 위기를 넘기게 되었다. 여기에 당시 우리 돈(1억 5천만 원)을 은행에서 받으면서 살아나게 되었다. 이어서 그 어려운 시기에 쉬리 제작에 장비와 기술을 계약하게 되었고 그 작품은 8백만 관객을 동원하는 한국영화사상 대 흥행을 기록하게 되었다. 한국영화의 가능성의 길이 열린 것이다. 그 작품이 있어 오늘로 이어진 것이다. 그 후 실미도, 집으로, 왕의 남자까지 이어진다.

2001년 접어들면서 신바람과 같이 잘 나가고 투자에 열정을 쏟았다. 그러나 2006년 밀어닥친 디지털 제작기술과 장비(한국영화정책방향의 대전환)는 한국영화 제작방향을 바꾸어 놓았고(필름제작에서 디지털제작으로의 대전환) 한국영화의 질이 급속히 저하되면서 그간 필름 영화제작에 투자한 장비는 무용지물이 되게 되었고 존폐의 위기를 맞게 되었다.

그래 좀 쉬어가자 멈추었다 가자 지금까지 살아왔는데 어떻게든 살아 갈 것 아닌가 생각하게 된다.

입학 46년 다시 캠퍼스로

1964년 3학년 2학기 기말시험을 못보고 독일로 간 그 후 나는 쉴 새 없이 산으로 들로 영화촬영에 미쳐 돌아다녔고 가슴에 남은 점하나 졸업 못한 점을 빼내려 용기를 내어 공부하리라 결심하고 2006년 6월 8일 안암동 캠퍼스에 발을 옮겼다. 옛날에는 운동장이었던 곳이 위에는 아름다운 조경과 잔디밭이고, 지하에는 쾌적한 도서실과 열람실, 학생행정실 건물로 변해 있었다. 학적 행정실에 들어갔다. 바로 옆에 있던 여자 분이 와서 "아드님 성적표 때문에 오셨습니까?" 하고 말을 걸었다.

내 얼굴이 빨개졌고 용기를 내어 "아니요, 내가 졸업을 못해서 재입학 할 수 있나 해서요." 하니까 이름과 과를 적어달라고 하여 (60학번 27번 정경대학 경제학과 김태우) 써 주었다. 5분쯤 지나서 가져온 기록장은 내 자필 학적기록 97학점(1학년 1학기에서 3학년 1학기까지)의 성적표가 내 눈 앞에 놓여졌다. 깜짝 놀랐다. 그 분은 원스톱 행정실 과장이었다. 내 사정을 듣더니 "정경대학장 이만우 교수님을 찾아 가셔서 얘기하시면 되겠습니다." 답해주었다. 그간 두 번 이상 휴학한 일이 없고 2년 전 학교 학칙이 변경되어 연령제한이 없어서 가능할 것이라는 것이었다. 나는 그 순간 얼마나 감사했는지 모른다.

그 길로 정경대학 행정실에 가서 재입학 접수를 하려니 직원이 2학기 복학신청이 끝났고 자리가 없어 안 되겠다고 하여 이만우 교수님 계시냐고 하니까 계신다고 하여 학장실 노크를 하고 들어갔다.

이만우 학장님은 무슨 일이냐고 물어 명함 내놓고

1964년 3학년 못 마치고 독일광부로 가서 지금까지 졸업 못한 얘기를 하였다. 내 손을 꼭 잡아주면서 "선배님 도와드리겠습니다. 졸업하셔야지요." 그렇게 하여 재입학 서류가 접수되었다. 그러나 9월 1일까지 재입학 통지서가 없어 전화하니까 좀 더 기다리라고 한 후 소식이 없었다.

9월 8일 오후 남산에서 시름을 보내며 국궁 활을 쏘는데 3시쯤 전화가 왔다. 내일 9월 9일까지 수강 신청하라는 것이었다. 수강신청을 무사히 잘 끝냈다. 그리고 이틀 뒤 등록금도 납부했다. 그렇게 하여 46년 전 학창시절로 되돌아가게 된다. 3학기를 잘 끝내고 140학점을 이수하였고, 2008년 2월 25일 입학 48년 만에 졸업함으로써 가슴에 남은 점을 빼게 된 것이다.

서울시 문화상과 인터뷰

다시 복학하여 기말시험을 치른 그날(2006년 12월 19일 오후 3시) 세종문화회관에서 오세훈 시장으로부터 서울시 문화상 대중예술에 기여한 상을 받았다. 시상 소감을 얘기해 달라는 기자의 질문에 1964년 대학교 3학년(60학번)때 독일 광부로 가서 3년간 일하고 그때 번 돈으로 촬영기 구입한 일, 6개월간 영화 공부를 하고 귀국하여 1969년 9월

9일 신영필름을 창업하여 오늘에 이르고 있다고 대답했다. 그런데 이 얘기가 알려지면서 파독광부와 김태우의 삶이 충무로 영화계에 퍼지게 되었다.

1년 반은 아무생각 없이 책과의 생활이 이어졌다. 2008년 2월 25일 졸업하고, 2008년 4월 17일 미국 NAB쇼 영상장비 전시회에 갔다. 창업 40년 만에 내가 변해야겠다고 결심하고 미국 기술의 문을 두드리고 디지털 기술에 눈을 돌린 것이다. 미국에서 개발한 레드원 시네마 카메라 장비를 2008년 9월 처음으로 도입해 2년간 열정을 쏟았고 이제는 기술이 조금 정착되어가고 있다.

영상예술은 순간의 빛(光)과 영(映)을 필름에 담아내는 아날로그방식 필름으로 담아내야 된다고 고집하던 나는 마음을 바꾸었다. 아날로그 필름과 디지털을 접목시키기로 결심했다. 2년이 지난 지금은 세계적인 필름 카메라 제작회사인 Arriflex사도 Alexa Digital 비디오 Recorder camera를 개발하여 2010년 말부터 상용 단계에 이르고 기존 Digital camera 제작사들도 본격적인 경쟁시대를 열어가면서 그간 안전성이 부족했던 고화질의 영상 기술을 개선함으로써 2011년에는 Digital cinema 영화가 정착될 것으로 보인다.

인생은 곤충의 탈바꿈 같이

사람은 꿈과 미래를 먹고 산다는 말이 일리가 있다고 생각한다. 1981년 우연한 기회에 인사동에 있는 최봉수 선생을 만나 인생 얘기하던 중에 회사 이름을 지어 써 주신 일이 있다. "高麗科學映像"센터 그러면서 그 분 말씀이 "당신 60生이 넘으면 꼭 센터가 건립되고 그 일은 한국영상발전에 큰 힘이 될 것이요. 영화 그것은 당신의 팔자에 나와 있어."라고 하셨다.

그러나 그러한 행운은 나에겐 주어지지 않았다. 그러나 그 이름을 잘 보관해 왔다. '25년의 세월이 흘렀다' 지난 2005년 여름, 파주 출판단지 '파주 Book City'가 그간 10년의 결실을 맺으며 한국의 출판도시로 새롭게 출발했고 2단계 사업에서는 책과 영상을 결합한 "출판영상단지"를 구상하고 결심한 이기웅 파주출판문화정보산업단지 재단이사장이 주관하는 조합결성식에 참여했다. 그리고 이 업계에서 큰 성공을 이룩한 (주)홍지미술 김관수 사장의 "형님 그 사업에 참여하세요. 좋을 것입니다. 어려우면 도와드리겠습니다."라는 조언을 듣고 조합에 가입했다.

조합결성에 30여 영화 관련사들이 참여했고 뜻을 같이 하게 되었다. 그 동안 어려움도 많았다. 토지공사와 문화관광부 산업단지 관련기관의 협력, 법적인 승인 등 난항이 많아 5년의 세월이 흘렀고 2010년 5월 28일 최종 승인을 받았으며 LH(토지주택공사)와 계약도 체결하여 사업 1단계가 매듭지어졌다. 이 일에는 처음에 조언을 해준 김관수 사장의 큰 힘과 도움을 받았다. 2년 후 영상센터가 입주하고 시설을 확충하여 그 곳에서 영상연구와 기술개발을 하고 그 후 영상물이 제작되려면 큰 산을 넘고 넘어야 한다. 이 일이 내 팔자라면 하게 될 것이고 나는 그 일이 나의 꿈이고 분신이라 여겨진다. 그 일이 성공되면 내가 생각지도 못했던 독일, 영화 그리고 영상기술센터까지 모든 것이 행복한 삶이 되리라. 더욱 노력 열정을 쏟으리라.

친구와 만년필

1964년부터 67년까지 독일광산에서 일을 제일 많이 같이 했고, 인생 얘기를 많이 한 이정희 친구가 2006년 한국에 왔다. 나는 40년이 지난 뒤라 그 친구 얼굴이 까마득하게 아른거렸다. 전화가 왔던 처음에 잘 기억이 없어 얼버무렸다. 그러나 목소리가 또렷(무슨 말인지?)했다.

그 날 밤에 독일에서 일한 동료(한국에 있는)와 이정희 친구 그리고 산업개발연구원 원장 백영훈 박사님을 뵙게 되었다. 이정희 친구는 자기가 쓰던 몽블랑 만년필을 나에게 주려고 한국에 왔다는 것이다. 그리고 40년 전의 동료들 앞에서 그 만년필을 주었다. 나중에 안 일이지만 이 만년필은 그의 자서전 '검정밤 히브리어 사전'을 쓴 만년필이었고 이제 그 만년필은 내 가슴에 시를 쓰는 만년필로 쓰이고 있다.

백 박사님은 1964년 박정희 대통령께서 독일을 방문하실 때 함께 한 통역관이었다. 5.16혁명과 더불어 경제개발 그리고 독일경제협력 등 많은 일을 했고 국회의원과 한국산업개발연구원(KDI) 원장으로 지금도 젊은이 못지않은 열정으로 파독광부 간호사들의 큰 형, 오빠 역을 다 하시는 분이다.

그 분께서 그날 책 '대한민국에 고함' 20권을 가져와 나누어주셨다. 그날 나는 밤을 꼬박 새우며 그 책을 읽었고 셀 수 없이 펑펑 울고 말았다.

그리고 이정희 친구는 2개월 후에 고국의 산천을 다 돌아보고 조국의 발전된 모습을 가슴에 안고 가족이 있는 독일로 돌아갔다.

떠나면서 마지막으로 모인 자리에 20여 명의 독일 광산에서 일한 동료와 백영훈 박사님, 독일 아리랑을 쓴 세계일보 김용철 기자가 필동 사무실 4층에서 함께 했다. 그 자리에서 파독광부간호사들의 모임을 사단법인 결성해야 하는 필요성에 대한 이야기가 나왔고 그렇게 하기로 다짐들을 했다. 그 후 자주 모임을 가지게 되었고 교원대학교를 정년퇴임한 권이종 교수가 우리 모임에 합류하면서 2007년 본격적인 조직이 활성화되었다. 사무실이 개설되면서 그 분과 새벽부터 늦게까지 일에 전념하였고, 2008년 2월 노동부로부터 파독광부 복지 기금 신청공고를 접하고 추진하면서 협회 법인화 작업이 속도를 받는다. 그 해 2008년 9월 9일 노동부로부터 법인 승인을 받았고 법원등기를 마쳤다. 서초동에 26평 오피스텔도 구입했고 2009년 파독 45주년 파독광부 백서 그리고 고난의 벽을 넘어 기적의 라인 강으로 다큐영화 30분도 완성되었으며 2009년 12월 정기총회도 갖게 되었다. 이 백서와 영화에는 우리가 왜 독일로 가게 되었는가. 그 때의 상황과 가서 무얼 했나, 그리고 그 땀은 국가 발전에 어떤 도움이 되었는가를 기록하고 있다.

이제 우리는 정부로부터 보답을 받는 그 보답으로 전시관 그리고 세계 곳곳에 흩어진 동료, 후손들이 아버지, 할아버지의 나라를 찾아 왔을 때 보고, 쉬어 갈 수 있는 작은 유스호스텔(숙박시설을 갖춘 전시관 겸)을 마련하고 고희를 넘어 호흡장애 후유증에 시달리는 동료들 그리고 그들이 이루어낸 정신적 보답증표를 포상을 받는 것은 미래를 다시 여는 값진 시작이 되리라 생각한다.

새로운 역사를 위해

2010년 1월 1일 KBS 100년 기획 '희망 2010 대한민국의 힘 제1부 100년의 드라마' 특집에서 나라의 경제재건과 위상을 위해 머나먼 타국으로 가슴 아픈 이별을 해야 했던 그때의 광부들의 값진 대가를 담은 영상을 방영했다. 독일 호르스트쾰러 대통령이 한국을 방문했을 때 청와대 영빈관에서 파독광부, 간호사들이 독일 경제발전과 양국 교류 증진에 크게 기여한 점에 감사한다고 말씀하시고 이명박 대통령께서도 그분들의 고난이 있어 오늘이 있다고 화답하시었다. 김황식 총리께서는 국회인준 청문회에서 한나라당 이정현 의원의 질문답변에서 "파독광부 얘기를 하니까 새삼 복받쳐 오릅니다."라고 말씀하시며 "그분들이 얼마나 고생을 했느냐 그때 이역만리까지 온 박정희 대통령을 붙잡고 울고 그런 사람들을 잊으면 안된다"라고 말씀하셨다. 총리가 되면 어려운 사람들은 국가사정이 허용하는 한 지원하고 재정지원이 안 되는 형편이라면 그분들을 돕는 조치들이 이루어져야 한다고 말씀하시었다.

G20 정상회의 The Seoul Summit 2010 세계 행사가 우리 땅 KOREA에서 열렸다. 11월 6일 조선일보 기사를 보고 많은 감명을 받았다. (정상우 정치부 외교팀장)

조선일보 2010년 11월 6일

「지난달 26일 서울 양재동 외교센터. 부탄 왕국의 민속 의상을 입은 유학생과 산업 연수생 15명이 무대에서 민속춤을 췄다. 이 자리에 참석한 부탄 초대 총리인 지그메 틴레이(58) 총리를 위한 것이었다. 민속 의상을 입고 이 모습을 지켜보던 틴레이 총리가 연설을 시작했다. 히말라야 '은둔의 나라'에서 한국까지 와서 남모를 서러움에 울었을 부탄 젊은이들의 눈과 귀는 틴레이 총리에게 쏠렸다.

"고국 걱정은 하지 마라. 국왕(30)이 백성을 잘 보살피고 있다. 형제들과 가족들은 행복하게 잘살고 있다. 여러분은 한국에서 지식과 기술만 배우러 온 것이 아니다. 한국이 어떻게 가난한 나라에서 잘사는 나라가 됐는지, 한국인들의 정신을 반드시 배워서 돌아오길 바란다."

1999년까지 텔레비전조차 없었던 나라 부탄. 현재 1인당 GDP(국내총생산)는 1800달러의 빈국(貧國)이지만, 행복도 조사에선 최상위권을 차지하는 국가다. 2006년 영국 레스터 대학이 178개국을 상대로 행복도를 조사한 결과, 부탄은 8위, 한국은 102위였다. 해가 지면 가족끼리 둘러앉아 하루 일을 도란도란 얘기하던 왕정 국가 부탄은 2008년 민주주의를 도입했다. 국민은 "이대로 사는 것도 좋은데 왜 민주주의를 도입하느냐"고 했지만, 국왕이 앞장서 총선을 실시하고 의회를 세웠다. 그렇게 처음 선출된 총리가 틴레이 총리다.

"한국의 정신을 배워오라"는 틴레이 총리의 연설을 듣던 외교부의 한 당국자는 "1964년 12월 박정희 대통령이 독일을 방문해 파독(派獨) 광부들과 간호사들에게 연설하던 때도 이런 모습이었을 것"이라고 말했다. 당시 박 대통령은 "비록 우리 생전에는 이룩하지 못해도 후손을 위해 번영의 터전만이라도 만들자"는 연설을 다 마치지 못했다. 대통령이 울자, 지하 수백 수천 m에서 돈을 벌던 우리 광부들, 시신을 닦으면서 돈을 벌던 우리 간호사들도 울었다.

당시 필리핀의 1인당 GNP(국민총생산)는 170달러였고 한국은 76달러였다. 차관을 빌리러 독일에 간 대통령이나 돈을 벌러 간 광부·간호사나 같은 처지였다. 64년 독일에서 대통령과 '외국인(한국) 노동자'들이 한데 엉켜 "독일이 왜 잘살게 됐는지 꼭 배워서 돌아가자"고 다짐했던 나라가 한국이다. 그 후 반세기 만에 서울에서 만난 부탄 총리와 노동자들은 두 손을 잡고 "한국인의 정신을 배워 돌아가자"고 다짐하게 됐다.」

고난의 벽을 넘어 기적의 라인강으로 간 지 47년, 독일 이국 땅에서 조국을 그리며 석양의 노을이 라인강을 수놓은 기적의 루르 공업지대 라인강 둑에서 얼마나 외로웠던가.

라인강의 외로움은 한강의 기적으로 꿈을 이루었다. 그리고 2010년 11월 11일 한강을 굽어보는 무역센터 건물 컨벤션 센터에서 G20 Seoul Summit 2010 개최되었다. 우리의 소박한 소원은 국가가 회답하여 작은 둥지가 마련되고 그 둥지에서 지난날의 열정과 땀이 선진 한국으로 뛰어넘는 힘으로 이어지고 더 나가 통일로 이루어지길 조국을 그리는 우리의 파독광부 간호사들의 6만 아들 딸 손자들이 둥지에 와서 활짝 핀 한강의 무지개 노을을 볼 수 있길 소망하면서 끝낸다.

내 안에 꿈틀거리던 꿈을 이루기까지

김성수 (의학박사, 고려대학교 명예교수)

파독광부는 나의 희망

제대 직후 우연히 동아일보에 서독파견 광부모집 기사를 보고 응모하였다.

또 다른 유학의 꿈이 내 가슴속에서 꿈틀거리기 시작하였다.

응모 자격은 군복무를 필한 자로 신체검사와 체력검사만으로 선발한다는 것이다. 신체검사는 연대 의대에서, 체력검사는 경희대 체육관에서 실시하여 수백 대 일의 경쟁에서 합격하였다.

1965년 8월 한 달간 강원도 장성광업소 장성광산에서 낮에는 지하 막장에서 실습하고 밤에는 기초 독일어를 배웠다. 10월이나 11월에 출국하기 때문에 따로 모여서 독일어를 배울 시간이 없다는 것이다. 그런데 어떤 이유에서 인지 무기한 연기가 되었다. 하늘이 무너진 것 같이 실망이 너무 컸다.

실의와 번뇌 속에서 내 운명의 좌표가 어디인가 찾을 수 없는 하루하루를 보내면서 또 다른 삶의 길을 찾아야만 했다.

1966년 2월 26일 삼년간 교제하던 지금의 내자와 결혼을 하였다. 그때 내자는 광주에서 중학교 선생으로 있었고 나는 국가공무원 5급(지금의 9급) 시험에 합격하여 발령을 기다리고 있었는데, 7월 초 해외인력개발공사에서 통지가 와서 7월 말 파독광부로 출국하니 준비하라는 것이었다.

꿈만 같은 현실, 정말 꿈이 아니기를 간절히 빌었다. 야간대학 등록금을 마련할 수 없는 대한민국의 현실이 지긋지긋하게 싫었다. 현실 도피가 아닌 현실 탈출을 해야 하는 나의 운명을 누구도 원망할 수 없었다.

출국 준비라야 읽을 책 몇 권과 옷가지 몇 개 등 가방 하나였는데 지금 생각하면 가소로움을 금치 못하는 것은 파독광부로 출국하면서 그 모두가 넥타이를 한 정장차림이었다는 것이다. 동방예의지국의 후예들이란 자존심을 알리기 위한 심리가 내재되어 있기 때문일까?

1966년 7월 31일 오후 어둠이 얕게 깔린 김포공항에서 사랑하는 아내와 가족, 친지들의 환송(?)을 받으며 루프트한자 전세기는 제1차 파독광부 제7진 288명을 태우고 김포공항을 이륙하였다.

다음날 8월 1일 서독의 중북부에 있는 듀셀돌프 공항에 도착하였다. 간단한 신체검사를 받고 딘스라켄, 아헨, 발줌 3광산으로 배속되었다.

나는 동료 70명과 함께 딘스라켄 로베르그 광산으로 배속되어 광산 옆에 있는 크나펜하임에서 "생과 사가 교차하는 미지의 서독 생활"을 시작하였다.

너무나 힘든 광부생활

1개월 동안 지상에서 지하의 안전교육과 일반적으로 지켜야 할 규율 교육을 받고 바로 지하로 배치되었다. 나는 임금(쇠동발 하나 세우는 데의 가격)이 제일 많다는 쇠동발(스템펠, Stempel)을 세우는 조를 선택하였다. 광산 끝나면 대학에 진학한다는 일념으로 돈을 많이 벌어야겠다고 생각했었다.

동발 세우는 조는 오전 5시와 오후 1시 교대로 2교대

근무였다. 기숙사에서 아침으로 주는 빵을 먹고 또 간식으로 싸주는 빵과 수통 2~3개에 3~4리터의 물을 들고 1000~1500m 수직으로 내려가 30분에서 1시간 열차를 타고 막장까지 가면 섭씨 40~50도의 지열 속에서 40~80Kg의 쇠동발을 세우는 작업을 했었다. 체격이 큰 서양 사람의 기준으로 제작된 쇠동발을 우리들의 작은 체구로 이리 끌고 저리 끌고 하기엔 너무나 힘들고 뼈아픈 고통이었다.

중간에 기숙사에서 가져온 석탄가루가 범벅이 된 빵을 눈물과 함께 먹으면서 "나"의 존재를 생각하게 하였으며, 중간 중간에 땀으로 가득 찬 장화에서 물을 비우곤 하였다. 그 물은 피와 눈물의 땀이었다.

나는 나에게 주어진 운명에 순응해야 한다고 스스로 다짐하면서 최선을 다하려고 노력하였다.

그러나 중학교 때까지 시골에 살면서 농사일 좀 도와준 것 외에는 힘든 일을 하지 않았기 때문에 너무나 힘이 들어 캐나다에 이민을 생각하게 되었다. 내자를 통해 알아본 지인에게 연락을 하였다. 지인의 편지에 무슨 기술이 있느냐고 물어 왔기에 없다고 했더니 간단한 용접 기술이라도 배워 자격증을 소지하면 이민신청이 유리하다고 하였다. 바로 광산에 이야기하고 오전반으로만 근무하고 오후에는 용접학교에 등록하였다.

전기용접 자격증을 취득하고 연락하였더니 기왕이면 가스용접 자격증까지 취득하라고 해 가스용접 자격증까지 따고 나니 광산 생활이 절반 정도 지나고 동발 세우는 일도 어느 정도 익숙해져 캐나다 이민을 포기했다.

왜냐하면 캐나다에 가더라도 1년 이상 적응 기간이 필요할 것 같아서 어차피 대학 입학이 목적이고 등록금도 거의 없는 독일에서 광산일 끝나고 공부하기로 마음을 정하였다. 지금 생각하니 아주 잘 했다는 나의 결정이었다.

용접학교를 다니면서도 계속 동발 세우는 일을 하였다. 그것은 조금이라도 돈을 더 많이 벌어 독일이든 캐나다에서든 공부하겠다는 것이 나의 전부였기 때문이다.

나는 입술을 깨물고 눈물을 흘리면서 오직 나의 목표인 유학의 꿈을 이루기 위해 최선을 다하는 것 외에는 아무것도 없었다. 1,000m 이상의 지하 막장에서 눈물과 땀으로 범벅이 된 빵을 먹으면서도, 잠을 자면서도 오직 대학에 진학해야겠다는 굳은 의지로 가득 차 있었다.

독일에서 대학에 진학하기로 결정한 이상 먼저 독일어를 공부하기로 마음먹었지만 쉽지는 않았다. 광산 일 중에서 제일 힘들다는 동발을 매일 100여 개씩 세우고 나오면 뼈가 으스러지는 일상에 독일어 공부하겠다는 마음

뿐이었다. 그래도 이 뼈아픈 마음을 달래주고 용기를 북돋아주는 것은 고국에서 일주일에 2~3회 보내온 내자의 편지였다. 남편도 없이 혼자서 아들을 키우느라 고생하는 내자를 생각하면서 나의 이 뼈아픈 고생과 고독을 이겨내자고 굳게 다짐하곤 하였다.

어떤 날에는 아헨 광산에서 가난의 서러움을 이겨내고자 파독광부로 파견되어 부풀었던 꿈도 이루지 못하고 멀고 먼 이역 일가친척 아무도 없는 타향 독일에서 지하 1,000m 이하의 막장 작업 중 돌더미에 묻혀 싸늘한 시체가 되었다는 동료의 비보를 접하였다. 나도 그리고 우리 파독광부 모두가 출근하면서 매일 매일 오늘도 무사히 살아 나오기를 마음속 깊이서 기도를 하였다.

하루 8시간 지하에 파묻혀 있다 지상으로 나오면 "아! 오늘도 살았구나!" 하는 안도의 희열을 느끼곤 하였다. 지하에서 지상으로 나오면 흑인이 따로 없고 모두가 깜둥이가 되어 목욕을 하기 전에는 누구인지 분간하기가 어려웠다.

삶이란 무엇인가를 곰곰이 생각해 보았다. 진정으로 "내"가 가야 할 길이 어디 있으며, "내"가 할 일이 무엇인가를 다시 한 번 나의 유학에 꿈과 연관 지어 정말 이 지긋지긋한 광산 일을 계속 해야만 하는가? 아무리 생각해도 죽든 살든 결론은 하나뿐이었다. 가난한 가정과 가난한 조국을 위하고 내 꿈을 현실화하려면 인내하고 더 성실히 지금에 시련을 극복해야 하는 운명적인 삶이라고 자위할 수밖에 없다는 결론이었다.

한때는 전기와 가스용접 자격증을 가졌기에 지상에서 용접공으로 근무하려고 하였으나 지하에서 동발 세우는 임금에 절반 정도가 되어 내일의 꿈인 대학 진학을 위해서는 한 푼이라도 더 벌어야겠다는 일념으로 죽든 살든 운명에 맡기고 지상근무를 포기하였다. 죽을 운명이라면 "접시 물에서도 빠져 죽는다."라는 우리나라 속담을 되새기면서!

번뇌의 시간들

시간은 누구를 위해서도 멈추지 않는다. 벌써 2년여가 지난 어느 날 아헨광산에서 근무하는 친하게 지내는 동료가 광산일이 힘들고 가난한 조국이 그리워 중도에 귀국하겠다고 찾아왔다. 오랜만에 만나서 맥주잔에 회포를 풀면서 이제 1년 여가 남았으니 조금만 참고 견디어 보라고 했으나 결국은 귀국하였다. 얼마나 광산일이 지겹고, 힘들고, 무서웠으면 중도에 귀국했을까! 얼마 후 다른 동료로부터 들었는데 얼마 전 지하에서 돌더미에 매몰되어 사망한 동료와 친하게 지냈는데 그가 사망한 후로는 우울증에 시달렸다고 하였다.

독일 광산은 우리나라 수직 광산과는 달리 거의가 수평 광산이며 독일 특유의 안정성 때문에 갱도가 매몰되는 대형 사고는 없으나 막장에서 동발을 꺼내다가 낙빈 사고로 가끔씩 인명 피해가 일어나기도 한다. 그래서 매일 매일 긴장과 공포의 연속이 계속되는 지하 막장까지 들어가야만 하는 나와 우리 동료들의 안타까움을 누구에게 하소연할 수 있을까? 서독과 똑같이 분단된 우리들의 조국은 왜 왜 서독처럼 부유하게 못살아 이렇게 이역만리 타향에 노무자 "파독광부"로 팔려와야만 했는가?

나는 이런 생각을 할 때마다 왜 시골 농부의 아들로 태어났고, 부자 부모님의 아들로 태어나지 못한 나를 원망해 보기도 하였다. 부모님이나 가난한 조국을 탓하기엔 부질없는 나이이지만 가끔씩 스스로를 채찍하면서 감상적인 생각을 해 보곤 하였다. 삶이 나를 속이더라도 나는 오직 내 목표인 대학 진학을 위해 현재의 위치에서 꾸준히 그리고 현실에 적응할 수밖에 없다는 결론이었다.

주독 한국 대사관에는 노동청에서 파견된 노무관이 있었다. 파독된 광부와 간호사들의 권익을 위하고 노사간의 분쟁이나 갈등, 불의의 사고가 발생했을 때 조정하고 원만한 처리를 하는 막중한 임무를 담당하였다. 파견된 노무관으로부터 들었는데 우리 제1차 광부 제7진이 늦어진 이유를 알게 되었다. 즉 차관의 담보가 제1차 광부 제6진까지로는 부족하여 제7진인 우리를 서독 정부에서 불러들이게 됐다는 것이다.

1964년 12월 6일 루프트한자 649호로 김포공항을 출발하여 익일 오전 9시 40분에 서독 중서부의 쾰른 공항에 당시 대통령 박정희와 사절단 일행이 도착하였다. 물론 하인리히 뤼프케 서독 대통령의 초청으로 박정희 대통령의 서독 방문은 가난한 우리나라를 위하여 차관을 빌리러 온 것이다. 군사 쿠테타로 정권을 장악한 박정희 대통령이 우리나라의 우방인 미국으로 가서 당시 존 F. 케네디 대통령에게 원조를 부탁했는데 “군사 정권에는 어떠한 원조도 할 수 없다”라고 거절하여 궁여지책으로 국가의 발전과 민생고를 시급히 해결하기 위해 광부와 간호사를 수입(?)해 가는 서독으로 구걸 아닌 구걸을 하러 서독을 방문하게 된 것이다.

서독 정부 관계자들과 우리나라 정부 사절단과 차관에 대한 협상이 시작되었는데 정부 관계자들간에 차관에 대한 협상은 진전을 보았지만 어느 국가나 세계 은행에서 지급보증을 서야 하는데 우리나라를 믿고 어느 국가나 세계은행에서 지급보증을 서줄 수가 있느냐라는 난관에 봉착하게 되었다. 그때 묘안으로 제안된 것이 서독에 파견된 광부와 간호사를 볼보(?)로 지급보증을 대신하게 되었다는 것이다. 박정희 대통령은 파독된 광부와 간호사가 송금한 외화와 서독에서 빌린 차관의 종자돈으로 경부고속도로를 건설하고 기간산업을 육성하였다. 피와 땀으로 지하에서 병동에서 눈물을 감추며 국가와 민족을 위해 힘겨운 노동의 대가가 우리나라 산업발전에 이바지했던 것이다. 지급보증 때문에 우리가 파독광부로 올 수 있었고 계속해서 2차 파독광부까지 일만 여 명이 서독에 올 수가 있었다.

1960년대 우리나라의 국민소득은 미화 60~80불 정도로 세계에서 최하위 가난한 나라로서 오죽했으면 박정희 대통령이 혁명공약에 "민생고를 시급히 해결하고"란 공약을 할 정도로 비곤 국가였다. 당시 우리나라 외화벌이의 일등공신이 유엔군 특히 미군 접대부(소위 양공주)였다고 한다. 살기 위해서, 고픈 배를 채우기 위해서 할 수 있는 일이라면 무엇이던지 해야만 했던 현실을 누구에게 하소연할 수 있었겠는가? 대학교를 졸업해도 직장이 없어 오죽 했으면 파독광부 제1차 1진과 2진은 대학교 졸업자 또는 중퇴자로 모집 광고를 할 정도였다. 파독광부들이 비행기에서 내리는 것을 본 서독 사람들이 한국에서 온 여행객들로 착각할 정도였다고 한다.

1963년부터 전술한 바와 같이 외화를 벌기 위해 서독으로 광부와 간호사를 파견하였고, 1965년 말부터 월남에 파병이 시작되었으며, 1967년부터 월남으로 노무자를 보내어 벌어드린 외화로 점차 산업혁명(?)이 이루어져 공장에서 물건들이 생산되기 시작하였다.

파독광부들이 생과 사의 갈림길에서 지하 막장에 들어가 피와 같은 땀을 흘리며 벌어들인 외화로 우리나라 부흥에 밑거름이 되었다면 당연히 파독광부들에게 정부로부터 상응한 혜택이 있어야 하는 것이 필연의 사실인데도 현재까지 도외시되고 있다. 언제인가는 재평가되어야 한다고 생각한다.

대학진학을 위해

우리가 제1차 마지막 제7진으로 오게 된 사연을 듣고서 나는 필연적으로 서독에 광부로 가서 대학교에 진학할 수밖에 없는 운명을 지니고 태어난 "나"라고 생각하였다. 지하 막장에서 일하는 것도 거의 숙련공이 되어 지옥같은 하루하루가 일상시되었다. 나는 2년차부터 휴가를 받지 않았다. 왜냐하면 2년간 휴가를 모으면 두 달 먼저 광산을 나와 독일 문화원(Goethe Institut)에서 두 과정(6~7월과 8~9월)의 독일어 연수를 받을 수가 있었기 때문이다. 광산에 근무하면서 목표 의식이 뚜렷했기 때문에 여행 한 번 가지 못했다. 물론 휴가도 없었고 여행을 갈 수 있는 마음의 여유도 없었다.

1969년 초에 대학교에 입학원서를 제출하기 위하여 먼저 국내의 서류를 준비하였다. 그때 고국에 있는 처는 나이도 많고 하니 귀국하여 힘들지만 같이 살자는 의견이었으나 나는 단호히 거절하였다. 나이는 연륜의 표시이지 지혜의 표시도 아니며 더더군다나 공부하는 데는 어떠한 장애도 될 수 없다고 생각했다.

서독에 있는 프라이부르그, 베르린, 복흠 그리고 뮌헨대학교에 입학 원서를 신청했더니 4개 대학교에서 모두 입학 원서를 보내주었다. 4개 대학교에 입학 원서를 제출하였더니 모두 합격이라는 통지를 받고 얼마나 기뻤는지 모른다. 내 나이 만으로 29세(호적으로는 28세)가 넘어 고국에서 배워보겠다는 욕망을 채우지 못하고 그 한을 이역만리 서독에서 풀 수 있다고 생각하니 감개무량하였다.

예정대로 1969년 5월말에 그 지긋지긋한 광산을 그래도 큰 사고 없이 3년 계약 기간을 2달 먼저 마치고 동료들의 귀국도 보지 못하고 독일 남부의 작은 마을 브라우보일렌에 있는 독일 문화원(Goethe Institut)에 등록하였다. 이때는 이미 프라이부르그대학교로 입학을 결정한 후라 프라이부르그대학교에서 가까운 곳에서 독일어 공부를 하기로 하였다. 3년간 광산에서 일하며 뇌에 온통 석탄 가루로 가득 차 있어 제대로 공부가 되지 않았다. 그러나 내가 이제 할 수 있는 것은 오직 공부뿐이다, 죽으나 사나 나는 공부를 해야 하는 운명라고 되뇌며 맹진했다.

중학교를 졸업하고 남의 집 점원을 하면서 품었던 외국 유학의 꿈이 차츰 현실로 다가오고 있었다. 드디어 독일 문화원에서 4개월의 독일어 연수를 마치고 1969년 10월 초에 프라이부르그대학교 학생촌에 입촌하였고 중학교를 졸업하고 13년 만에 외국 대학교에 등록도 하였다. 즉 유학생이 된 것이다. 독일은 1학기가 10월 15일에 시작되고 2학기가 4월 15일에 시작된다. 이때부터 더 험난한 여정이 나를 기다린 것도 뒤로 한 채 환희와 기쁨에 충만해 있었다.

고국에 돌아와서

나는 프라이부르그대학교 의과대학을 졸업하고 스

포츠의학을 전공하였기 때문에 1985년 고려대학교 부름을 받아 사범대학 체육교육과 교수로 재직하다가 2006년 정년을 맞이하였다. 퇴임할 때까지 교수로서 책임과 의무를 다하고자 최선의 노력을 한 결과 130여 명의 석박사 제자 중 80여 명의 박사를 배출하여 그중 50여 명이 전국 각지에서 현직 교수로 재직하고 있다. 의학과 체육학 전문 서적 15권을 출판하였고 250여 편의 논문을 발표하였으며, 고려대학교에서는 안암학사 사감장, 교육대학원 원장, 스포츠과학 연구소 소장 등의 보직을 수행하였다.

독일 의사면허증이 우리나라에서 유효하지 않아 귀국하던 1985년 의사국가고시에 응시하여 한국 의사면허증을 취득하였다. 정년퇴임 후 송도병원 분당 시니어스타워에서 근무하다가 지금은 답십리역 근처에 위치한 하늘스포츠의학클리닉(피겨의 여왕 김연아가 한국에 오면 치료받는 병원)에서 일주일에 월, 수, 금 3일만 근무하고 있다.

고통과 번뇌를 이겨낸 삶

권광수 (공학박사, 단우기술단 회장)

나는 경북 상주군 함창면에서 9남매 중 장남으로 태어났다. 그 후 경북 문경에 있는 가은초등학교를 졸업하고, 문경시에 있는 문경중학교를 거쳐 함창고등학교를 졸업하였으며 한양대학교에서 학사 학위를 마쳤다. 육군 제대 후, 후진양성을 위해 한양공고에서 교사로 3년 재직 후, 독일생활을 시작하여 3년의 광산 근무 후, 아헨 공대에 입학하여 석·박사 학위를 취득하였다.

1970년 12월 9일 김포비행장엔 많은 인파가 환송장을 가득 채우고 있었다. 그들은 파독광부 2차 4진을 차에 태우고 독일로 향하기 위한 전세기에 탑승할 광부가족들이었다. 멀리서 광수야 몸성히 잘 다녀와라 하고 외치는 부모형제들의 격려인사를 뒤로 한 채 비행기에 올랐다.

비행시간은 알래스카를 경유하는 관계로 16~17시간은 걸린 것 같았다. 독일 Duesseldorf공항에 도착하여 각 그룹별로 (꼭 논산훈련소에서 각 부대로 배치 받는 것 같은 느낌으로) 미리 대기한 버스로 탑승하였다. 그리고 2~3시간 후 우리 그룹이 도착한 곳은 딘스라켄(Dinselaken) 도시의 Hisfeld Heim이있고, 한국인 통역이 모든 안내와 설명을 해주었다. 우리의 숙소는 방 하나에 2명이 기거하는 방으로 학생기숙사 같은 느낌을 주었다. 훈련과정을 끝내고, 우리는 Ostfeld 도시의 독신자 숙소로 옮겨 2인 1실로 생활을 하게 되었다. 우리는 이 때부터 Bergmann(광부)이라는 딱지가 붙게 되었고 3개월의 훈련을 마치고 각자 능력대로 그리고 희망에 따라 (일당이 높은 직종을 선택할 수 있었다) 막장 근무부, 운반부, 기술부, 등으로 각자 선택 혹은 희망하여 근무하게 될 광산은 Zeche Oberhausen의 Ostfeld광산과 Sterkrad광산이었다. 나는 Sterkrade광산 공무부 기술보조로 일하게 되었다. 나의 선택은, 우선 나 자신 체력의 한계를 느끼고 힘든 일보다 보수가 적은 쉬운 일을 희망하였고, 기술직종으로 배치되어 무척 다행스러웠다. 그 이유는 3년의 고용기간 만료 후 대학으로 가서 계속 공부를 해야겠다는 목적이 있었기 때문이다.

모든 한국 노동자들의 3년간의 삶은 고통의 연속이

었다. 혼자서 모든 의, 식, 주 들을 해결해야 했고, 매월 고국 가족에게 일정액을 송금해야 하는 의무감도 포함되어 있었다. 동료들은 대부분 기혼자들이 많이 있었으니까.......

현장의 환경은, 지하 1,000m 심도로 거의 무연탄이 매장되어 있고, 그 상태는 시루떡과 같이 수평층상으로 석탄이 매장되어 있고, 채탄방법도 한국의 채탄법과 달리 모두 기계화 채단방법을 사용하여, 인력이 많이 필요로 하는 곳은 채탄막장(석탄을 직접 캐는 곳)이라고 봐야 된다.

석탄광산의 시스템은 지표에서 수갱으로 1000m 정도의 지하로 이동하면, 그 곳에서 채탄막장별로 전차를 타고 이동하면 채단막장별 구역에 도착한다. 그 곳에서 구역 책임자의 작업 지시를 받고, 운반직, 수송직 채탄막장 기술직 등등의 직군별로 하루의 일과가(8시간 노동) 시작된다. 지하 갱도에서 그들은 섭씨 36도에 달하는 고온과 싸워야 했다. 8시간 작업을 마치고 지상에 올라왔을 때는 서로를 알아볼 수 없을 정도로 온몸이 석탄가루와 땀으로 뒤범벅이 돼 엉켜 있었다. 그리고 안전사고도 많이 발생했다. 캐낸 석탄을 운반하는 체인~컨베이어벨트에 장갑이 끼여 손가락이 잘린 동료광부도 여럿 있었고 Gummiband 위를 타다가 다치는 경우도 있었다. 그런 날엔 지하 막장에는 알 수 없는 우울함이 여느 때보다 더 무겁게 드리우곤 했다.

내가 하는 일은 Gummiband(beltconveyer) Schlosser로 Band가 절단 위험이 있는 부분을 체크하여 절단하고 교체하는 것과 Panza의 마모된 Kette의 교환, 그리고 호스, 압축공기, 전기 등 모든 것을 정비하는 일이었다. 이 일을 하면서 우리 조는 항상 밤 근무(10시~6시)로 고정되어, 나는 밤 근무를 위해 낮에는 잠을 자야 하는 생활 패턴도 다른 동료와는 다르게 되었나. 나시 발하면 어려운 노동보다는 쉬운 일로, 나 자신의 시간을 만들려고 기술직종을 희망하였다. 그 후 3년의 세월을 같은 직종으로 계속 일하였고 나머지 시간엔 대학을 위한 준비시간을 가질 수 있게 되었다.

그중 내가 항상 생각한 것은 독일어공부였다. 독일어 책과의 씨름, 무턱대고 공원과 상점을 다니면서 독일어 말하기 공부를 하려고 노력하였다.

어느 날 기차로 시골 Dinselaken으로 여행하는 도중에 그곳 초등학교 선생님(Gisela Buch)을 알게 되어 정통 독일어를 배우게 되는 행운을 얻었다.

그와 더불어 교육훈련과정에서 알게 된 Stefan Hak 씨와 자주 어울려 독일어 공부를 게을리 하지 않았다. 그리고 우리 동료, 즉 12월 9일 같이 출국한 동료 30~40명을 위해 각자의 독일생활에서 애로사항을 해결해 주는 데 앞장섰다. 가정 의사, 회사에서의 애로사항, 교통사고 등 여러 방면으로 독일어 통역이 필요한 곳엔 항상 함께 하여 통역 일을 했고, 그 결과 나의 독일어 실력도 많이 향상되었다고 느껴졌다. 그러는 중에는 동료들의 중상모략도 있었다. 즉 보수를 받는다. 회사통역자리를 위해서다. 회사의 조정을 넣는다고 하고, 그러나 이것은 시간이 가면서 무난히 해결되었다.

1972년은 나로서는 중요한 한해였다. 독일생활도 2년이 되고 독일어도 많이 향상되어 계약 종료 후, 대학을 가야겠다는 신념은 확실했지만, 가정을 꾸려야겠다고 생각이 앞서니, 나의 마음이 조급해지기만 하는 것은 어쩔 수 없었다. 그 후 독일생활에서 마음이 통하여 동생같이 여겼든 후배에게 부탁하여 동생의 도움으로 평소에 마음이 계속 끌려오던 Bonn대학병원 간호학생을 다시 만나게 되었다. 그렇게 재회를 시도한 것이 좋은 결과를 가져와 1972년 6월 그녀와 약혼, 1973년 2월 24일에 결혼을 하였다. 신혼 여행길에서 1m 깊이로 쌓인 Eifel의 눈밭은 지금도 잊을 수 없는 추억이다.

그 후 1년 넘는 시간을 가족이 떨어져서 살고, 주말부부의 삶을 하고, 그런 생활은 다음해 Aachen대학 입학 후까지 계속되었으나 서로 이해하고 보살피는 가족이 있으니 행복하기 그지없었다.

1973년 가을학기로 Aachene대학에 합격하여(Zulasung) 어학시험을 치루고, Mittelkurs로 어학코스를 시작하게 되었고, 한국과 학제가 달라서 대학에서 심사결과, 2학년까지 인정(독일 학제가2년이 길어서, 한국대학 학사가 2학년까지로 인정)하고 3, 4학년(4학기~8학기)은 학부에서 일반과목(물리, 화학, 수학 등과 전공과목을 공부해야 하는 힘든 과정을(대학교 3학년편입) 시작하였다. 한 가장으로서 가정을 책임지며 공부를 하는 것은 쉽지 않았다. 그러나 우리 가족은 모두 이겨내고 고생을 각오해야겠다고 다짐하면서 1살 된 딸 윤희와 Aachen생활을 시작하였고, 처는 병원에서 근무를 하였고 나는 연구소 조교로 시간제로 일하면서 아이는 부부가 교대로 키우면서 열심히 노력하였다.

1979년도에야 어려운 학부코스를 마쳤다. 이름하여 Diplom-Ing., Diplom을 즉, 독일에서 정규대학을 졸업하게 되었다. 나는 대학에 남아 박사과정을 공부하여야 하였기에 주임교수의 추천으로 로드라인웨스트팔렌주 공무원에 임용, RWTH Aachen Inst.에 BAT IIB라는 직급으로 Wissenschaftlichen Angestellter로 Institut에서 근무하게 되었고, 그리고 즉시 박사학위 과정에 입학하였다. 그 뒤로는 학생 때와 같은 고생은 없이 경제적으로 가족과 멋있는 삶을 누릴 수 있게 되었고, 그리고 둘째 준오도 태어나 4인 가족이 되어 단란하고 행복한 시간을 꾸려 나갈 수 있었다.

매년 프랑스, 벨기에, 스페인 등 모래사장이 좋은 해변으로 휴가를 즐겼다. 그리고 83년 후반기 학위를 목표로 박사논문도 무사히 잘 완료하고 제출하였다.

내가 존경하는 지도교수 Hans Goergen는 나에게 아주 힘든 결정의 제안을 해 왔다. 그는 내가 독일인으로 전향하여 대학교에서 자기 후계자로

있으라고 제안하였고, 나는 너무 놀라고 고마워서 나의 인생을 결정짓는 갈림길이라 심사숙고하여 결정되면 답하기로 약속하였다. 물론 후에 한국으로 귀국결정을 하여 그의 제안을 정중히 거절하긴 했지만 이런 제안을 받은 나는 행운아(?)였다고 생각한다.

1983년 한국에서 유럽의 심해저 망간단과 개발 관련하여 현황을 조사하여 국내 해외과학자국내 발표회에 참석하여 발표하라는 과학재단의 초청을 받아 13년 만에 부풀은 마음으로 귀국하여 과학기술총연합회에서 융숭한 대접을 받고 해외과학자 귀국세미나에서 “유럽의 심해저 망간단괴 체취기술과 전망”이라는 주제로 발표를 하였다. 그 후 자유 시간으로 1주일 꿈에 그리던 부모님께 달려갔다.

13년만의 재회라 별로 실감나지 않았지만 나름대로는 금의환향이라고 주위에서 부러워하며 격려했다. 부모님께서 하시는 말씀이 “9남매의 장남으로 오랜 세월을 떨어져 살았으니 이젠 귀국하여 가족들과 왕래하며 살았으면 좋겠다고” 하시면서 나의 의중을 물었다. 독일에서 교수가 추천한 좋은 자리를 꿈꾸던 것을 이렇게 포기해야 하나 하고 망설여지지만, 부모님께 할 수 있다면 좋은 방향으로 결정하겠다고 약속하고 독일로 갔다.

1983년 11월 좋은 점수인 sehr good 박사학위를 수여받고 부모님의 권유대로 귀국하기로 결정하고 한국의 대학교와 연구소로 근무지를 알아봤다. 먼저 과학재단에서 유치과학자로 연구소로 유치한다는 소식이 왔고, 그 외 자리는 이미 결정된 후라 언급하지 않겠다.

한국동력 자원연구소라는 곳, 지금은 한국지질자원연구원으로 유치과학자로, 책임연구원, 보직자(실장)로 확정 수락하였다. 지금 생각으로 유치과학자에게 파격적인 대우였다. 그리고 온가족 귀국티켓, 이삿짐 값, 국내거주 보장 등등이 보장되었다.

한국지질자원연구원에서 잊지 못할 대규모 연구 활동은 '심해저 망간단괴 개발기술연구', '터널굴착과 유지기술', '대규모지하공간의 굴착유지 및 환경제어 기술연구', '지반침하방지 및 안정성 평가연구' 등으로 과학기술부, 지식경제부, 환경부, 기업 등에서 연구비를 출원하여 연구한 것들이다.

후에 과학재단 관계자와 만남의 기회가 있어 들어보니, 유치과학자는 선택받은 자들이라고 하며 미국, 영국, 캐나다, 블란서 등 유명대학에서 엘리트박사들만이 유치과학자로 유치되었다고 한다.

연구원생활 20년으로 연구실장, 팀장, 그룹장, 부장, 사업단장을 거치면서 과학기술부장관표창, 산업자원부장관 표창, 그리고 과학의 날 대통령표창, 한국지구시스템공학회에서 기술상을 수여받았다.

그리고 전문분야별로 국가인력관리공단과 광해관리공단에서 기술사시험출제위원과, 건설부, 환경부, 조달청과 각 지방자치단체의 토목설계심의, 턴키심의, BTL심의위원으로 활동하였다.

국내외 학회지 발표 논문으로 국내 150편, 국외 30편, 그리고 특허 15건 등의 실적이 있고, 공무출장으로 미국, 캐나다, 독일, 영국, 이태리, 스칸디나비아 반도, 등 약 30회로 연구를 위해 세계의과학도시를 방문하였고, 2004년 한국지질자원연구원 정년퇴임 후 청주대학교 토목환경공학과 교수로 근무하였고, 대학교 정년 후 배재대, 청주대, 한양대에서 2009년까지 겸임교수로 근무하였다. (재)한독과학기술자협회 회장(2006-2008), 아헨유학생동문회 회장(2005-2007), 현재는 교육과학기술부에서 벤처 기업 육성을 위한 기술 자문역인 "테크노닥터"로 단우기술단 회장으로 근무하고 있다.

고통과 번뇌를 이기고 오늘이 있기까지는 가족의 힘든 뒷바라지와 주위에서 나를 걱정하는 지인들의 꾸준한 관심과 충언이 오늘의 나를 있게 하였고, 고통과 번뇌를 이겨낸 삶이 또한 내일을 위해 도전할 수 있는 힘의 원동력이 된 것 같다.

나는 나의 삶에 대하여, 한 치도 부끄러움 없이 그리고 떳떳하게 살아왔고 앞으로도 그렇게 살아 갈 것이다.

장벽 막장 속의 아리랑

신광식 (전 경기도의원)

그 어렵던 시절

1942년 4월 7일생으로 김포 양곡초등학교와 양곡중학교를 졸업하였으나 6.25 이후 말로 표현할 수 없는 가난 속에서 어떻게 하면 가난을 면하고 밥을 배불리 먹을 수 있을까, 어떻게 하면 돈을 벌어서 땅을 사고 가난을 극복할 수 있을까 하는 것이 소원 중 소원이었다.

이렇게 비참한 환경 속에서 19세 늦가을 인천에 가면 돈을 벌수 있을 것이라 생각하고 동인천역에 하차하여 상가를 전전하며 밥만 먹여 주시면 일을 해드린다고 해도 한 집도 반겨주는 사람이 없었다. 큰 상점을 찾아 가서 통사정을 하니 며칠만 있어 보라는 것이 계기가 되어 잡화상, 쌀가게, 과일상점, 채소가게, 청소부 등 온갖 궂은일을 할 수 있었다. 그 후에 1963년 5월 24일 육군에 입대하여 3년간 육군하사로 만기 제대하였다. 제대 후 다시 인천에 와서 가구공장 막 노동자로 동아제분 트럭 조수일을 하였는데 어머니께서 몹시 쇠약하셔서 주변의 강요에 의해 1970년 결혼을 하였다. 그 후 인천에서 동분서주 하다가 신문에 난 독일 광부 모집 기사를 보고 동교동 해외 개발공사를 찾아가 접수 후 1971년 5월 26일 파독광부 생활이 시작 되었다.

파독광부의 고됨 속에서도

1달간 안전 교육을 받고 지하 1천 미터 주항도에서 전철을 타고 30분 후 하차 다시 수직 200미터 내려가서 임무교대를 하여 작업이 시작되었다. 지열, 지압 가스, 탄 가루, 분진 말로 표현할 수 없는 상상도 못했던 일이 시작되었다.

작업을 마치고 목욕을 하고 숙소에 돌아오면 피곤에 절어 쓰러져 자는 일이 연속되었다. 독일 국민들의 부유함과 자유 그리고 윤택한 생활을 우리나라와 비교해 보면서 위정자들의 잘못으로 국민의 생활이 가난하고 고통 받는다는 생각을 하면서 귀국하면 국가 발전을 위해서 어떠한 일이라도 하겠다고 귀국하는 날까지 하루도 잊지 않고 다짐과 결심을 하였다.

채광장에서 가장 길이가 긴 장벽막장까지 들어가서 살아남을 수 있었던 것은 고향이 그리울 때마다 아리랑을 부르면서 꼭 건강하게 돌아가서 반드시 대한민국이 독일처럼 잘살게 하는데 앞장서겠다는 결심이 있었기 때문이다.

소원하던 땅과 함께

1974년 말 귀국하여 파독광부 생활 중 벌어들인 수입으로 논과 밭 1만평을 구입하여 농사일을 하며 통진면 가현리 이장을 8년간 열심히 하였다. 지방자치제 실시 이후 고향을 위해 헌신하기로 마음먹고 1991년 김포군의원에 출마했으나 낙선되었고 1995년 재출마해서 김포군의원에 첫 당선되었다. 이후 내리 3선을 하면서 부의장과 의장을 역임하였다. 그동안 공부하겠다는 일념으로 방송통신고를 거쳐 김포대학을 졸업하였다. 2006년에는 경기도의원에 당선되어 김포와 경기도 크게는 국가발전을 위해 남다른 열정을 쏟았으며 시민일보로부터 2회에 걸쳐 의정대상을 수상하고 대통령표창을 수상한 바 있다. 현재 파독광부협회 이사직을 수행하면서 그동안 축적한 경험을 살려 지역발전을 위해 봉사하고자 최선을 다하고 있다.

나의 독일 생활을 회고하며

염수용 (전 대성헨켈(주) 대표)

유년시절

나는 1938년 8월 25일, 경기도 안성군 삼중면 미작리 시골마을에서 독실한 천주교 집안의 5남 1녀 중 둘째 아들로 태어났다. 우리 집은 옹기를 구워 파는 일을 했었는데 그 당시 미작리란 곳은 대체로 마을 전체가 옹기를 구워 파는 일을 하던 곳이었다. 옹기를 빚어 구워서 팔 때에 사람들과의 만남이 자연스레 잦아지기에 천주교를 믿는 사람들은 같은 천주교인들끼리의 접촉을 위해 옹기를 굽는 일을 하곤 하였다.

중학교까지는 고향인 안성에서 졸업하고 1953년 온 가족이 서울로 이사를 해 고등학교와 대학교는 서울에서 졸업했다. 꿈 많던 학창시절에는 성악을 좋아하던 평범한

학생이었는데 여러 여건이 맞지 않아 성악가의 꿈은 포기할 수밖에 없었다.

가자, 독일로

내가 독일 행을 결심한 것은 1965년 내 나이 27세 때였다. 그때 나는 성균관대 상대를 졸업하고 취업을 한 생태였지만 어려운 시기였고 외국에 나갈 수 있는 기회가 전혀 없었는데 어느 날 우연히 버스 안에서 파독광부 모집광고를 하는 라디오 방송을 들었다. 당시 생활환경이나 직장 환경이 썩 마음에 들지 않던 때라 파독광부는 내게 있어 새로운 세상을 열어주는 기회로 다가왔다. 그게 계기였다. 파독광부 지원에 별다른 자격요건은 없었고 광산일 3년 이상의 경험자를 뽑았는데 당시 지원자의 대부분은 광산 경력이 없는 가짜가 많았다. 3년 임기가 정해져 있었기 때문에 학사 출신들이 많았는데 지원 서류를 제출하는 줄이 대단했다. 그만큼 당시 젊은이들에게는 아주 획기적인 기회였던 것이다.

서류 합격 후 석탄 공사 주관으로 탄광지역에 가서 약 2주간의 현장 교육을 받은 뒤 서울로 다시 올라와 몇

일간 국가 존위에 대한 정신교육을 받았다. 처음에는 집에 말도 못 꺼냈다. 최종 모집일이 되어서야 부모님께 말씀드렸더니 극구 말리셨지만 이런 기회는 다시 오지 않으며 넓은 세상에 나아가 세상을 배우고 오겠다고 설득했더니 나중에는 체념하셨는지 젊어 고생은 사서도 하니 열심히 일하고 오라며 보내주셨다. 나의 굳은 의지를 끝내 꺾지 못한 아버지께서 내게 해주신 말씀이 있다. "어떠한 어려움과 역경이 있더라도 절대로 거짓말은 하지 마라. 항상 솔직하고 양심껏 살며 매사에 신중하고 최선을 다하며 살아라. 그리고 주님께 의지하며 최선을 다 해라." 하시던 말씀. 이 말씀은 수십 년이 지난 지금에도 내 가슴 한편에 조용히 자리 잡고 있다.

드디어 1965년 3월, 나는 1차 4진으로 'Dinslaken' 지역 'Lohberg' 광산으로 향하는 독일행 비행기를 타게 된다. 처음 타보는 비행기에 어떤 이는 화장실에서 변기에 조준을 못해 승무원의 핀잔을 듣기도 했었다. 그때 당시 먼 타국으로 떠나면서 주머니에 가진 것이라고는 지금 돈으로 약 2천 달러가 전부였다. 그렇게 가난했다. 아마 나보다도 못한 사람이 훨씬 더 많았을 것이다. 그때의 심정으로는 어디든 여기보다는 낫겠지 싶었다.

비행기는 프랑크푸르트에 도착하여 버스로 3~4시간 이동하여 루르지방에 도착하였다. 당시 낯선 곳에 대한 두려움이 컸지만 고등학교 때 독일어를 공부했기 때문에 어느 정도의 자신감과 함께 무엇이든 할 수 있을 것이라는 생각이 있었다. 경제적인 이유도 있었지만 세상에 부딪혀 보겠다는 목적이 더 컸기에 생겨난 용기였다. 근무 초기에는 주말도 없이 일했으나 3년차가 될 쯤에는 주말 근무는 하지 않게 되었다. 세계적으로 경기가 나빠져 67년으로 1차 광부파견이 끝났었는데 그때쯤 아침에 일어나보면 옆에 자던 동료가 없어지곤 했다. 알고 보니 제3국인 미국이나 캐나다로 빠져 나가는 일이 부지기수였다. 그래서 갈수록 사람이 줄었다. 1971년 경기가 다시 살아나면서 광산업도 다시 활발해졌는데 당시 에너지 활성화 프로그램으로 한국 사람들이 많이 왔었다. 이때쯤엔 실제 경력자들이 많이 왔다.

독일 생활

처음 독일에 가서는 기숙사 생활을 하다가 3개월 만에 인근지역(루르지방 뒨스라켓)으로 자취를 나갔다. 한국인으로서는 제1호의 자취생이었다. 그 지역은 전형적인 탄광지역으로 그중에서도 변두리로 오래된 곳이었다. 나는 뭐든지 배워볼 요량으로 기숙사를 나왔고 당장 언어가 급했기 때문에 신문을 구독해서 보고 광산 일을 하면서 시간 나는 대로 성당에 나가 활동을 했다. 동양인 노동자가 그렇게 살고 있으니 성당 신부님께서 잘 대해주셔 도움을 많이 받았다. 말을 빨리 배우기 위해 독일인 신자 한분을 소개받아 남들보다 빨리 말을 배울 수 있었다. 의사소통이 자유로워지고 나니 생활이 편안해졌다. 어려운 노동생활을 하면서 신앙생활을 하니 여러 모로 도움이 되어 열심히 활동했다.

당시 한국인 광부, 간호사들 모임을 결성해서 신앙생활을 열심히 했는데 성당에서도 외국인들이 열성적으로 활동을 하니 현지인들에게 좋은 본보기가 되었던 것 같다. 그래서 적극적인 지원을 받을 수 있었다. 2~30명 되는 인원이 주말마다 모여 미사를 하고 영세도 했는데 독일에서는 성인 영세자가 희귀한 사례여서 독일인들에게 인상적인 모습을 주었다. 이후에는 별도로 한국인 조직을 만들어 신자도 모집하고 영세를 주관하면서 주교님을 모셔 말씀도 듣는 등 활발한 활동을 하였다. 등불이라는 한인 소식지를 만들어 배포하기도 했는데 일일이 수기로 써서 인쇄기를 빌려 2~300부 찍어 냈다. 성당의 인쇄기를 우리가 다 망가뜨릴 정도로 열심히 만들어 냈다. 원래의 목적은 한 달에 한 번 발간이었으나 통상적으로 두어 달에 한번 씩 찍어냈다. 편지글을 한번 올릴 때면 그 매수가 수십 장에 달했다. 주로 신앙기와 고국의 가족에게 향하는 편지글, 새로운 소식을 알리는 장으로 이용했다. 광산에서도 자유 시간에 천주교인들이 모여서 함께 활동을 했는데 이것이 모태가 되어 훗날 독일 한인 카톨릭 교인이 생기고 각 지구들이 생겨났다. 지금 생각해봐도 말을 빨리 배운 것이 상당이 큰 도움이 됐었다.

고된 광산노동

지금의 연합회 회장인 김태우 씨가 당시 10키로 정도 떨어진 로베르크(lohberg) 광산에서 일을 했는데 아주 열심히 한 걸로 기억한다. 나 역시 김태우 회장과 비슷한 일을 하며 돈벌이를 잘했다. 채탄 도입 부분의 일로 8시간이 정규 근무시간이었는데 당시 지하 온도가 38도가 넘으면 7시간만 일했다. 여기다 막장까지 들어갔다 나가는데 왕복 2시간가량을 빼면 실제 근무시간은 5시간. 여기에 점심 먹는 1시간이 빠지면 다해야 4시간 일하는데도 마실 물이 5리터가 필요할 지경으로 힘든 조건이었다. 현장은 35~40도에 토기가 아주 취약한 곳으로 사고율도 높았다. 250m의 길이만큼 탄을 캐내야 하는데 탄맥이 2~30키로 씩 깔려 있었으니 경사진 곳은 굴곡을 잘라가면서 파냈다. 막장에 들어가는 기계의 체인콤비가 80cm에서 2m 50cm 정도인데 250m를 나가려면 양쪽에서 모터가 돌면서 끌어내리는데 그 앞에 먼저 4~5미터를 파내고 기계가 들어가야 한다. 그 초입부 작업이 가장 어렵고 힘든 일인데 김태우 회장이나 내가 그 일을 맡았었다. 일을 잘하지 못하는 사람은 할 수 없는 분야였다. 그 작업이 먼저 되어야 채취를 함으로 보수도 제일 좋고 힘든 일이었다. 그 일을 하다 보니 현장에서도 인정을 받고 말이 통하다 보니 공부를 제대로 해보자는 생각에 나는 광산전문대학교를 들어갔다. 광산 일을 끝내고 주중에 3일, 토요일에 1번 가는 생활을 1년 동안 했다. 처음에는 일주일에 4번 학교에 나가야 하는 상황에서 공부를 한다는 게 만만치 않을 것 같아 교장에게 가서 상황을 설명하고 강의를 먼저 들을 수 없겠냐고 양해를 구해 3개월 정도를 미리 들어보았다. 수학 같은 과목은 문제가 없었는데 국어(독일어), 지리는 못 알아들을 정도로 어려웠다. 그렇게 3개월을 주입식으로 파고드니 할 수 있을 것 같아 정식으로 입학을 하여 공부를 시작했다. 마에스타 자격을 갖추고 끝날 무렵이니 67년 하반기쯤인데 다른 사람들은 대학교 간다고 하는데 나는 일하면서 돈을 벌고 공부를 할 수 있다는 판단에 그 학교를 가기로 하고 담당 항장의 승인을 받는데 그때 광산이 불경기였던 때라 무엇하러 광산공부를 하려고 하는지에 대한 질문을 받았지만 자격을 다 갖추려는 결심에 3년을 더 다녔다. 68년에 광산 전문학교에 입학하여 71년에 졸업했다. 학비는 무료였다. 광산 일을 하니 다 공짜였다. 공부하면서 자격증을 따고 생활고 없이 국가시험 타이틀을 얻어 광산 사원이 될 수 있었다. 노동자와 사원의 차이는 보수에서부터 복지까지 큰 차이가 있었다. 사원이라 하면 일을 시키는 사람, 감독자이고 노동자는 일을 하는 사람이었다. 자격증 없이는 감독자가 될 수 없었기에 3년간 공부하여 자격증을 딴 것이다. 지금 교수가 된 사람들은 그때 대학교를 간 것이고 나는 전문학교를 갔었다.

최초의 한국인 감독자가 되다

막장의 일은 상상할 수 없이 고된 육체노동이었다. 생전 삽자루 한번 안 잡아본 사람이 그런 일을 했으니 그

노고가 엄청났지만 그래도 일을 참 잘했다. 하고야 말겠다는 의지 덕이었다. 의지가 없으면 아무 일도 안 된다. 착실히 살아보겠다는 신앙심 때문이기도 했다.

광산 일을 하면서 크게 다친 것은 없으나 상처는 많다. 사고는 운 탓도 있겠지만 본인 부주의 탓이 크다.

3년 임기 후 본국으로 돌아가는 것이 의무였는데 현지인(한국인간호사 포함)과 결혼을 하거나 학업을 계속하는 경우는 예외였다. 또 제3국으로의 이주도 가능했다.

독일정부는 한국인들에게 일만 시킨 게 아니라 공부할 수 있는 기회를 줬다. 독일에서 배움의 길을 택한 것은 오로지 사람대우를 받아야겠다는 생각에서였다. 외국사람으로 일본인 중에 감독자(steiger)가 있었다는 이야기를 들었다. 그래서 자격증 공부를 시작한 것이다. 한국인으로는 내가 1호였고 그 후에 4~5명의 후배들이 나왔다. 71년 졸업과 동시에 광산이 나빠졌다 좋아졌는데 그때 감독자들이 많이 없어 주요직을 맡았다. 한국에서도 71년부터 2차 광부 프로그램이 개시되면서 나는 책임자로 채탄도 하며 일을 했다.

감독자의 역할은 크게 두 가지였다. 첫째는 광부들의 안전을 위한 것이고 두 번째는 맡은 일을 해내야 한다는 것이다. 그걸 못해내면 안되기에 12~20명이 한 팀이 되어 데리고 다니는데 감독자가 시키는 일은 명령이고 그들은 거부할 수 없었다. 거부하면 그날로 해고될 수도 있었기에 감독자는 지하의 조그만 왕(임금)이라 불렀다. 그 정도로 감독자에게 권한을 주는데 독일인 입장에서는 후진국 한국에서 온 놈이 말도 짧고 별 볼 일 없어 보이는데 일을 시키니 반항하는 이가 있었다. 그 벽을 넘기 위해서 더 열심히 일했다. 250미터를 기어가 여기저기서 일을 하는데 그 중에서 강하게 거부하고 대드는 사람들을 수용하기 위해서는 말로든 행동으로든 끊임없이 노력했어야 했다. 그러다 보니 결실이 보이기 시작하였다. 노동자들 중 우두머리급인 바로 아랫사람이 외국인에 대한 배타심이 컸는데 그 친구를 집중적으로 공략했다. 그 사람이 말하길 세상이 끝났다며 외국 놈이 와서 감독자가 돼서 일을 시키다니 우리 세상은 끝났다고 볼멘소리를 하길래 그럼 너도 공부해서 감독자가 되면 되지 않겠느냐 했더니 망치를 집어던지고 반항을 하였다. 현장에 여러 명이 있었는데 일단 후퇴하고 윗단에 보고를 했다. 막장 총책임자인 항장이 어찌했으면 좋겠냐고 의향을 물어 보는데 자신의 일하는 시간에 반드시 그를 데리고 다니겠다고 했더니 웃으며 그렇게 하도록 해줬다. 광산에서는 토요일, 일요일에 근무를 하면 근무 외 시간으로 더하여서 임금의 50~100%를 추가로 더 받게 되는데 많은 사람들이 그 시간에 일하고 싶어했고 그때마다 나는 그 독일친구를 데리고 다녔다. 일을 할 때 보면 20명이 한꺼번에 다하는 것이 아니라 7~8명씩 하는데 주말에는 다음 월요일에 일하기 위한 보수, 준비 작업을 미리 해놓는다. 이때 일을 같이 하면서 시키고 쭉 붙어서 있으니 그도 못 견뎌 하는데 그렇게 몇 달(3개월)간을 심리전을 펼치며 내가 독일인 보다 전혀 밀릴 것이 없음을 몸소 보여줬더니 결국 잘못했다며 항복을 했다. 선입견을 가져 미안하다고 먼저 사과를 한 후 그 독일인과 더 친해졌고 이후에는 다른 독일인 노동자도 말을 잘 듣게 되었다. 항장 한사람 밑에 감독관은 10여 명이 있는데 책임감에 대한 의식은 한국인을 따라올 자가 없었다. 거저 되는 것은 아무것도 없으며 진정으로 노력하면 인정받게 되어 있다는 것을 느낄 수 있었다.

2차 프로그램이 시작된 71~78년 사이 한국인 노동자들과도 함께 일을 했는데 감독관으로 휘하 지도를 올곧게 한 것이 지금까지도 인정받는 사실이다. 진정으로 정직하게 일했고 감독했다. 뇌물, 비공식적인 청탁 같은 것은 받아주지 않았다. 당시에는 반정부인도 많았는데 일하러 왔으면 일을 하도록 회유했고 놀음하는 사람들은 즉각 강제 귀국시켰다.

특히 보조통역 2명과 함께 안전교육을 중점적으로 했는데 내가 잘해주니 그들도 열심히 일을 해줬다. 통역관은 광부로 왔다가 공부해서 통역을 하게 된 사람들이었다. 2차로 왔던 사람 중에는 4주 동안의 교육 후 암기를 해야 하는 부분에서 2/3도 못 외우는 사람이 많았다. 기본적인 의사표현은 해야 하는데 너무 안되는 사람들이 있었다. 결국 나중에는 별도로 과외식 수업을 하고 마지막 시험 때는 광산 안전부가 직접 나오는데 거기서 누락되면 큰 문제라 그 부분이 어려웠다.

파독광부 임기 후

1979년부터는 안전담당부서로 옮겨 안전담당엔지니어로 새로운 일을 계속 하였다. 이렇게 길고 길었던 광산근무를 모두 끝마치고 독일 화학회사에 입사하였는데 그 회사가 1989년에 한국회사와 합작하는 일을 시작하게 되어 독일회사 대표로서의 책무로 한국으로 귀국하게 되었다. 처음 한국을 나갈 때 돌아오지 않겠다고 마음먹고 갔는데 1983년도 아버님의 별세로 잠시 한국에 귀국한 적이 있었다. 그 때 한국에 돌아와 보니 그때서야 고향에 대한 그리움이 사무치기 시작했다. 또 몰라보게 달라진 한국이 독일과는 사뭇 다르게 생동감 넘쳐 보였다. 아버님의 장례를 치르고 독일로 다시 출국하였는데 마침 독일 회사에서 한국 파견 사원을 구하고 있었다. 고향으로 돌아가고 싶은 마음이 점점 커질 무렵이었기 때문에 나는 파견 사원으로 지원하여 한국에 귀국하여 하던 일을 계속 할 수 있게 되었다. 그 화학 회사의 일은 독일과 한국에서 총 40여 년을 근무했다.

파독광부 친목회 10여 년을 회고하며

성호현 (한국파독광부총연합회 부회장)

광부가 되기까지

1936년 4월 4일, 내가 태어난 곳은 경기도 파주군 문산읍 내포리란 곳이다.

그 당시 나의 아버님은 금융조합에 다니셨고, 나 성호현은 일제 국민학교 당시 일본말로는 고쿠민각교에 시험을 보아 1학년부터 3학년 2학기까지 일본어를 배웠었다. 그 후 해방이 되어 한국어로 6학년을 마치고 중학교 대동중상고등학교에 입학을 하였다. 하지만 6.25사변으로 인해 어쩔 수 없이 휴학하였다가, 다시 대신중고등학교에 입학을 하여 무사히 졸업까지 할 수 있었다. 그렇게 졸업을 하고, 당시 국제대학 정치외교학과 야간대(을지로 6가 신당동에 위치)에 입학하여 공부하던 중, 육군 제2훈련소에 입대하였다. 하지만 근무 중 병으로 인하여 의병제대를 하여 사회에 나와서 병을 고칠 수 있었다.

그 후 태서당 인쇄주식회사 업무사원으로 조달청 및 석탄 공사 등의 일을 하였었다. 그러던 어느 날 한전에 다니던 친구로 인해서 독일광부로 갈 수 있는 경력증명서를 만들어 주는 일을 하다가, 친구의 권고에 함께 넘어가 독일을 가는 지원생이 되었다. 나도 광산경력증명서를 구비한 후, 응시하고 합격까지 하여 독일을 가게 된 파독광부가 되었다.

막장에서의 취미생활

독일에서 광부 생활을 하던 중, 사진기술을 연마하기 위하여 야간 일만 하면서, 주로 암실 생활을 많이 했다. 월급은 천오백 마르크 이상 받는 동료들이 많았는데, 나는 오백 마르크 내의 적은 봉급으로 독일생활을 마치면서 사진 기계를 가져온 것이 큰돈이 되었다. 자세한 내용을 구체적으로 말하자면, 다음과 같다. 바로 내 취미가 사진찍기였기에 아그파 독일회사에 한국대리점 계획으로 독일현상소 공장장인 독일인 친구를 만나게 되어 칼라마트라고 하는 구천구백마르크(1967년 당시 한화 약 50만원)의 비싼

기계를 월부로 사서, 우리 기숙사 내에 지하 암실을 만들어 교습을 받던 중, 간호원 초대로 해서 동료 3인과 함께 획스타 병원에 놀러갔다 회오리 바람을 만나 차가 뒤집히며 트럭을 박고 튕겨나가 운전하던 친구는 고인이 되었고, 나는 정신이상 증세로 독일병원에 8개월을 입원하였다. 그 바람에 칼라마트 사진 기술을 확실히 연마하지 못한 채, 3년을 마친 후 그 기계를 가지고 귀국하였다.

기술이 부족해 한국에 나와 아그파 대리점을 운영할 수 없었기에 그 카메라 기계를 팔고 다른 사업을 시작하였다. 그러니 사업부진으로 실패하면서 서초동에 부동산 소개업을 시작하면서 파독에 다녀온 친목회를 10년 여 함께 하던 중, 현 김태우 회장과 권이종 박사를 만나게 되어 오늘에 이르러 부회장이라는 직책으로 일을 할 수 있는 계기가 되었다. 남은 목적이 있다면 해외에 거주하고 있는 파독광부들이 한국을 찾아오면 반길 수 있는 친밀한 모임을 가지는 것이다.

독일서 흘린 눈물, 젊은 세대가 알까

권이종 (한국파독광부총연합회 부회장,
교원대 명예교수, 문경해보라대안학교 이사장)

나의 고향, 장수(長水)와 학창시절

전라북도에서 고원지대를 이루고 있는 장수군 산서면 오산리 3구 486번지 초장마을 오지 중의 오지에서, 나는 1940년 참으로 가난한 농부 가정의 2남 2녀 중 막내로 태어났다. 음력 4월경 보리가 익기 직전, 춘궁기가 되면 지긋지긋한 보릿고개를 어떻게 넘길지 걱정이 태산 같았다. 대부분의 농민들은 지난 가을에 수확한 양식이 바닥나고 보리는 미처 여물지 않아 먹을 것이 없어서 초근목피로 겨우겨우 연명하다시피 하며 끝없는 가난과의 싸움을 시작한다. 들에서 쑥을 캐다 곡식가루와 버무려 쪄먹기도 했지만 그것마저도 귀했다. 칡뿌리, 소나무껍질, 그

밖에 입으로 씹을 만한 것은 뭐든지 가리지 않고 먹었다. 냇가에서 다슬기, 가재, 미꾸라지, 뱀장어, 붕어, 메기 등을 잡기도 하고, 논에서 메뚜기, 우렁이도 많이 잡아먹었다. 봄여름에는 진달래꽃, 목화, 옥수숫대, 찔레꽃대 등을 씹으며 허기를 달랬다. 가을에는 맹물로 빈 배를 채우고 또 채웠다. 감이나 밤을 따서 먹을 때는 행복했다. 하교길에 밭에서 고구마와 무를 서리할 땐 누가 올까 망을 보며 조마조마한 마음에 배고픔도 잠깐 잊을 수 있었다. 돌멩이도 씹어 먹을 수 있을 정도로 성장이 왕성한 청소년 시기에 많이 굶고 자랐으니 영양 결핍으로 선상한 체질은 되지 못했다. 학창시절이나 결혼 뒤에도 음식 때문에 투정부리지 않았던 것은 성장기의 영향이 크다. 고학과 자취생활로 독립된 생활에 단련된 터라, 잠자는 것, 입는 것 모두 주어진 환경에 무조건 순응한다. 배가 고프면 무엇이든 즐겁게 먹는다. 밥 한 톨, 반찬 한 가지 남김없이 음식을 먹는 것이 습관화 되어 있다.

초등학교를 졸업했지만 가정 형편상 도저히 상급학교에 진학할 수 없었기 때문에, 시골에서 농사일을 도왔다. 1년 후 1954년 전주 동중학교 입학시험에 합격했지만 등록금 마련이 매우 어려웠다. 집에 있는 장독까지 팔고, 어머니가 짜놓은 삼베와 무명베 몇 필까지 모두 팔았으나 등록금은 턱없이 부족했다. 그래서 궁여지책으로 어머니가 빚이라도 마련하신다며 동네 부잣집을 찾아 가셨다. 쌀 한가마니를 빚내줄 때까지 대문 앞을 떠나지 않겠다고 으름장을 놓는 바람에 울며 겨자 먹기로 그 집 주인은 쌀을 빌려주었다. 어머니의 배짱 덕분에 해질 무렵 쌀 한 가마니를 얻어 와서 있는 것 없는 것 모두 합쳐 중학교 등록금을 겨우 냈다.

박사학위를 받을 때까지 진행되었던 고학생활은 중학교 때부터 시작되었다. 신문 배달을 했지만 그것으로는 밥 먹는 게 고작이었다. 학교 수업료를 제때 낸 적이 없어서 나는 항상 등록금 미납자로 낙인찍혔다. 야단도 많이 맞았지만 어떤 선생님께서는 수업료를 대신 내주시기도 하셨다. 급우들과 선생님을 보기가 민망하여 결석한 날도 많았다. 가난 탓에 초·중·고 모든 학교의 졸업앨범을 한 번도 구입하지 못한 것이 지금도 아쉬울 따름이다.

고등학교 다닐 때에도 신문 배달과 자취생활은 계속됐다. 값이 싼 방은 주로 높은 지대의 다 쓰러져 가는 오두막집이나 판잣집이었다. 수돗물이 없어서 빨래를 하거나 식수를 마련하는 데에 어려움이 컸다. 추운 겨울에 얇은 이불 하나로 벌벌 떨며 자기도 했는데, 잉크마저 얼어버릴 때도 많았으니 난방이 거의 되지 않았던 것 같다. 말이 자취이지, 거의 굶고 지내는 비참한 생활이었다. 갈라진 방바닥 틈으로 연탄가스가 새어나와 가스중독으로 죽을 뻔한 적도 있다. 심한 구토와 무거운 두통으로 초주음이 되어서도 이대로 죽을 수는 없다는 생각에 공기 좋은 높은 산으로 무작정 기어 올라가 30분 정도 죽었다 깨어난 적도 있다. 그때의 후유증으로 지금도 더러 머리가 아프다.

무리하게 신문 배달을 하여 간신히 학비를 마련할 수 있었으나, 또 생활비와 방세가 필요했기에 초등학교 시절 이상으로 굶주림은 계속 되었다. 고등학교 3학년 때에는 신문 배달만으로 등록금을 충당하기가 어려워, 방학 동안 전북 임실군 성수면 깊은 산골에 살고 있었던 작은 누나 집에 가서 산에서 닥치는 대로 나무를 베어다가 장작을 팔아서 등록금을 마련한 일도 있다.

순간의 선택이 운명을 바꾸다

군대생활을 마치고 고향에 돌아왔지만 나를 기다리는 것은 계속 된 가난이었다. 고등학교만 나오고 아무 배경도 없었던 나는, 농사일을 삶의 선물이라 여기고 묵묵히 일했다. 형님을 도와 다 쓰러져가는 초가를 다시 세우며, 앞으로 어떤 삶을 살 것인가 많은 고민을 했다.

1963년 12월부터 한국 광부들은 1진, 2진, 3진으로 분류되어 독일에 파견되었는데, 고학력자가 대부분이었고 경쟁도 꽤 치열했다. 1963년 8월 모집 당시 동아일보는 좁은 "루르" 갱구의 길목이라는 제목의 기사에서, 5백 명 모집에 2,527명이 모여들었다고 보도했는데, 마감 시간이 되면 더 많은 사람들로 붐빌 것이라고 예상했다. 경력도 없고 돈이든 학벌이든 별 볼일 없는 사람들은 아예 엄두조차 내지 못할 상황이었다. 당시엔 2년간의 광부 경력을 요구하고 있었는데, 대체 지원자의 대부분을 차지한 고학력자 중에 그런 경력을 가진 사람이 얼마나 되겠는가? 독일에서 3년간의 근무를 마치고 귀국하면 국내의 광업개발지 기술자로 일하게 된다는 보장이 있었고, 무엇보다 매월 6백마르크(150달러)를 월급으로 받게 되니 20대 청년들은 기를 쓰고 응시를 했다. 당시 서울에 사는 고졸 출신의 25세 전후의 청년이 가장 높은 비율을 차지했다. 나는 귀가 솔깃해졌다. 소문에 듣자 하니 광부 경력이 없어도 다 해결하는 방법이 있다고 했다. 예나 지금이나 안 되는 것도 없고 되는 것도 없는 게 세상일인가 보다. 파독광부야말로 이 시대가 낳은 가난을 벗어나기 위한 최선

의 방책이라도 되는 양, 수단과 방법을 가리지 않고 너도 나도 브로커를 통해 용케 서류를 구비해서 지원을 했다.

나 역시 용기를 얻어 파독광부 모집에 응시를 했다. 경쟁률이 최고 몇 십 대 일까지 되었다. 그러나 운이 좋아 합격되었다.

내 이름은 "파독(派獨) 광부."

내가 부르기에도 아직 낯설다. 며칠이 지나면 나는 대한민국의 자랑스러운 "파독광부"로서 독일행 비행기를 타고 "기회의 땅"으로 날아갈 것이다. "광산이란 어떤 곳일까" 한국에서도 광산촌에는 한번도 가본 적이 없는데 이역만리 떨어진 곳으로 나는 광부가 되어 떠난다. 그저 풍문으로 가스 사고가 잦고 갱도가 무너질 수 있어 사고로 죽는 사람이 많다던데, 그런 험한 곳에서 내가 살아서 다시 고향에 돌아올 수 있을까? 사랑하는 부모형제를 다시 만날 수 있을까? 처절하고 절박한 상상만이 나를 괴롭힌다. 모든 것은 운에 맡기자. 잦아드는 호롱불을 뒤로하고 한숨을 내쉬니 날이 밝는다. 뛰놀던 들과 산, 어머니의 애끓는 배웅을 받으며 전북 임실군 오수역까지 30리 길을 걸어 서울행 완행열차에 몸을 실었다.

드디어 일정이 시작되었다. 1964년 9일 30일 오전 10시, 서울 성북구 수유리에 있던 '재건국민운동훈련원'에는 독일로 출발할 광부 483명 전원이 소집되었다. 이곳에서는 10월 5일 출국 전까지 전원 외출 금지인 상태에서, 독일에 대한 일반 교양교육을 받았다.

생소한 내용이 대부분이었지만 가난의 터널에서 벗어나보겠다는 일념으로 모두들 열심히 교육에 임했다. 말도 안 통하는 외국에 무일푼 혈혈단신으로 노동자의 신분이 되어 돈을 벌어 오겠다는 각오는 흥분과 열정으로 가득 끓어오르게 했다.

하지만 다른 한편으로는 내가 살아서 무사히 돌아올 수 있을까, 장애인의 몸으로 돌아오게 되는 것은 아닌가 하는 끝없는 불안감이 엄습해왔다. 이 불안감은 광부생활을 마치는 3년 후까지 나를 괴롭혔다. '까짓 죽기밖에 더 하겠느냐'는 억지 용기를 내며 알 수 없는 슬픔에 싸여 출국 날짜를 받게 되었다.

뒤셀도르프 공항에 도착한 우리들은 마중 나온 1진 선배들의 환대를 받으며 각 탄광으로 안내를 받았다. 유럽에서 석탄이 가장 많이 매장되어 있는 루르 강 부근은 독일의 최대 산업지대라고 알려져 있다. 루르 공업지대는 제2차 세계대전이 끝나고 독일의 공업을 재건 육성하는 중심지였다. 부근의 아헨과 자르 강 부근에서도 채탄작업이 진행되었는데, 당시 독일에는 전쟁후유증으로 남성 노동자들이 턱없이 부족했다. 그리스, 유고, 폴란드, 이태리 등 수십 개국의 노동자들이 우리나라 광부보다 먼저 와서 살고 있었다.

나는 독일 EBV(Eschweiler Bergbau Verein) 메르크스타인(Merkstein) 지역 아돌프(Adolf) 탄광에서 일하게 되었다. 드디어 고된 갱내 생활이 시작된 것이다. 비록 굶주림과 가난에 허덕일지언정 대한민국의 땅덩어리 안에서는 당당한 인간 '권이종'으로서 존재할 수 있었다. 그런데 독일 땅에 내리는 순간, 나라는 존재는 사라지고 '파독광부'라는 낯선 입장으로 순식간에 돌변했다. 힘겨우면 달려갈 부모님의 품도, 그리우면 술잔 기울이며 회포를 풀 친구도 없었다. 그저 여러 인종이 우글대는 수백 명의 외국 노동자 광부 중 하나로 뒤섞인 채 새로운 운명 앞에 마주하게 된 것이다. 우리 광부 일행은 독일에 도착한 뒤, 광산에서 일하기 위해 4주의 언어교육과 3개월간의 지하실습을 받았다.

내가 일하는 EBV 메르크스타인 광산은 제1차 세계대전이 발발하기 전에 이미 시설이 갖추어져 있었다. 샤흐트

(Schacht, 석탄을 파기 위하여 승강기가 내려가는 기계) 1호기와 2호기는 1909년에 지하로 파 내려가기 시작했는데, 1910년에는 1,088미터 샤흐트 마지막 깊이에 이르러 9개의 채굴 가치가 있는 직경 10미터를 초과하는 석탄층을 만나게 되었다. 그 후 3호기, 4호기, 5호기를 설치하여 1956년 이후 막장은 기계화되었다. 예전에는 굵고 튼튼한 밧줄에 달린 두레박을 타고 몇 명씩 내려가거나 나무계단이나 길고 긴 사다리로 지하세계에 들어가곤 했는데, 지하로 내려가는 엘리베이터가 만들어지고 나서는 한 번에 50~70명의 인원을 실어 운반할 수 있었다. 그런데 우리네 광산이라야 토박이 전문 광부도 있었겠지만 대부분 산업화의 거센 물결에 쓸려 농사일을 접고 광산촌으로 일터를 찾아 온 사람부터, 타 제조업보다 임금 단가가 높은 탄광노동으로 단기간에 여유자금을 확보하고자 몰려든 여러 가지 직종의 사람들로 혼재되어 있었다. 그리고 교육이라고 해봤자 광산 책임자와 선배들을 통해 어깨너머 습득한 것이 전부였으니 말이다. 그도 그럴 것이 우리나라의 광산촌은 광구와 갱도, 지형 자체가 기계화되기 어려운 구조를 가졌고, 산업화에서 뒤떨어진 처지에 선진화된 기계화 설비란 꿈꿀 수조차 없었다.

광부의 하루, 광부 코드 1662번

굴진, 채탄, 보갱, 운반, 선탄 등 광산 일도 여러 가지로 나뉘어진다. 지상에서 하는 재료 준비와 공급, 행적적인 일 등은 부수적이며 광산의 주된 업무는 역시 지하에서 석탄 캐는 일이다. 막장으로 들어가야 임금이 높다. 굴을 뚫으면서 갱목으로 보갱하고 탄맥이 발견되면 채취하여 항외로 운반하고 석탄의 광물을 골라낸다. 광부의 갱내 작업은 석탄 생산과 운반이 중심이고 이를 위해 동발 나르기, 착암기 천공, 화약 발파, 갱도 보수, 수갱 굴착 등이 이루어진다. 독일인 광부 외에 여러 나라에서 온 외국인 광부들은 마치 야전 군인들의 숙소처럼 단층 건물에 마련된 아주 초라한 기숙사에 살았다. 크기는 3평 남짓하고 방에는 침대와 책상, 의자, 옷장이 각각 하나씩 있었고 취사장, 목욕탕 및 세면장은 공동으로 사용했다. 광부들은 보통 새벽 4시경에 일어나야 했다. 다른 동료들은 일해 본 경험도 없고 탄광 일에 단련이 되지 않아 피곤 때문에 새벽에 일어나는 것을 매우 힘들어했다. 그러나 나는 고학

시절 새벽에 신문 배달을 여러 해 동안 했기 때문에 일찍 일어나는 것이 어렵지만은 않았다. 최근에 많이 유행하는 철저한 '아침형 인간'이다. 또한 '오직 가난에서 벗어나자'는 굳은 각오로 정신무장이 되어 있기 때문에, 돈을 벌어야 한다는 적극적인 자세로 하루하루를 살았다. 출근 전에 아침식사를 하고 어떠한 형태로든 점심식사를 준비해야 한다. 빵과 과일 몇 개가 전부일 때가 많다. 이 기숙사에는 외국인들이 모여 살기 때문에 음식도 매우 다양하다. 한국 요리, 터키 요리, 이태리 요리, 그리스 요리 등 공동취사장에는 매우 다채로운 음식 냄새가 코를 지른다. 물론 각 방에서 흘러나오는 노랫소리도 흥미롭다. 이해할 수 없는 오케스트라다. 제각기 자기나라의 교유한 음악을 틀어놓아 이해는 못해도 아침 흥을 돋운다. 아침식사는 대부분 끓이기 쉬운 국수와 가공된 국물봉지이지만 만족스럽다. 주말을 제외하고는 더러는 찬밥을 국에다 말아먹기도 한다. 독일 사람들은 자동차나 자전거를 타고 출근했지만, 우리 기숙사는 광산까지 걸어서 갈 수 있다. 새벽 5시 조금 지나 광산 지하로 들어가기 전에 옷을 갈아입을 탈의장에 도착해야 한다. 탈의장에는 광부들이 서로 만났을 때 "글뤽 아우프!(Glück Auf!)" 하고 인사를 건넨다. 탈의장에는 수천 명의 광부 작업복과 신발, 세면도구 등을 각자에게 부여되는 고정번호(나의 번호 1662번) 사슬에 걸어 3~4미터 높이 공중에 매달아놓는다. 광부에게 부여되는 번호는 마치 군번과 같아서 봉급카드를 포함하여 사망과 사고시 모든 일을 처리할 수 있다. 처음에 광산에 들어와 공중에 주렁주렁 매달려 있는 옷을 볼 때에는, 마치 목매어 자살한 사람들이 매달려 있는 듯한 느낌 때문에 무섭기도 하고 보기가 흉하였다.

탈의실에서는 작업복으로 갈아입고 특수하게 제작된 안전신발, 안전모, 충전된 전지, 가죽으로 특수 제작된 장갑, 낮은 탄층을 기어 다닐 때 필요한 무릎대기와 내리막길의 엉덩이 보호대, 4리터 정도의 물통, 빵 등을 준비하면 완전무장이다. 마치 전쟁터에 나가는 준비와 일맥상통한다. 광부의 머리에 쓰는 안전모에 달려 있는 램프가 생명길을 밝혀주고 램프를 밝히기 위한 충전지를 허리에 차고, 무릎보호대(Knieschuhe), 장화 등의 기본 작업준비를 마치면 그 무게만 해도 몇 킬로그램이다. 이러한 작업복 차림으로 지하 700 내지 1200미터를 승강기로 내려가 또 기차를 옮겨 타고 몇 킬로미터를 더 가서 막장에 도달하게 된다. 높이가 낮은 곳은 30센티미터에서 높아봤자 2미터인 막장 내에서는 눕거나 기어 다니거나 더러는 걸어서 약 150미터 정도의 막장 길이를 무릎보호대(Knieschuhe)에 의

존한 채 하루 8시간씩 섭씨 36도를 오르내리는 더위 속에서 일하면 땀범벅이 된다.

살아서 고국에 갈 수 있을까

나 역시 사고를 피해가진 못했다. 기분 좋게 출근한 어느 날, 그날도 연장근무를 위해 빵과 물을 넉넉하게 준비했다.

"글뤽 아우프!"

동료들 간에 서로의 안전 귀가를 비는 인사도 잊지 않았다.

사고는 계속된 연장근무 중에 내 몸이 지치고 힘든 상태일 때 일어났다. 작업 중에 바로 머리 위에 천장 바위가 불시에 나를 덮친 것이다. 예기치 못한 낙반 사고였다. 다행이 머리는 단단한 안전모가 지켜줬으나 두꺼운 가죽으로 제작된 작업장갑을 끼고 있던 왼쪽 손바닥은 그렇지 못했다. 바위의 급습으로 장갑 속의 손바닥이 갈래갈래 깨져 나갔다. 출혈과 함께 손이 몸으로부터 분리돼 떨어져 달아날 것 같은 충격이 온몸을 전율시켰다.

"으아악!"

나의 비명에 가까운 곳에서 작업 중이던 동료가 황급히 달려와 비상벨을 눌렀다.

"권형! 무슨 일이야? 이거 난리 났군. 완전히 박살났어! 권형, 정신 차려! 여기서 정신을 놓으면 안 돼. 곧 누군가 올 테니 조금만 버텨보자고. 에잇, 이놈의 큰 바윗덩어리한테 당했으니 어쩌누, 이걸 어째?"

출혈 과다와 온몸으로 받은 충격으로 정신이 가물가물해졌다. 동료의 외침 덕분에 겨우 정신을 추스르고 있는데 응급처치반이 도착했다. 지하에서 간단한 처치를 한 후 갱 밖으로 옮겨졌다. 얼굴 위로 갑자기 쏟아지는 햇살에 눈을 뜨지 못했다. '이제 어떻게 하나' 하는 걱정 속에 가느다란 의식만이 남아 있었다. 그러는 동안에도 동료들 광부가 계속 뒤를 쫓으며 격려를 해주었다.

광부 전용 병원에 입원한 뒤, 복잡한 검사를 하고 여러 차례 반복하여 대수술을 받아야 했다. 의사들은 나의 손이 완전 불구가 될지 아니면 회복될 수 있을지에 대한 분명한 이야기를 해주지 않았다. 경과를 지켜봐야 한다며 한동안 입원생활을 권유했다.

‘이렇게 가다간 손을 잘라야 할지도 모르겠다. 이대로 평생 불구자로 지내야 하는 건가? 손에 이렇게 힘이 없는데, 손가락이라도 제발 움직일 수 있으면 좋으련만. 내 인생이 여기서 이렇게 끝난다니 있을 수 없는 일이야. 독일 간다고 빚내고 소 팔고 몹쓸 짓은 다했는데, 이렇게 허무할 수가..... 어머니, 보고 싶어요. 이종이는 지금이라도 당장 고향으로 돌아가고 싶어요, 어머니. 이제 돈은 어떻게 벌지? 형님이 소 팔아서 독일에 보내주었는데 형님에게 소는 어떻게 사드리지?’

병상에서 30일간 흘린 눈물은 내가 60평생 흘린 눈물보다 더 많을 것이다. 외국인 의사와 간호사가 친절을 베풀며 치료를 해주고 돌봐준다 해도, 나의 슬픈 마음까지 치유하진 못했다. 동료들이 가끔 찾아와 광산 이야기와 재미난 세상살이를 들려주었지만, 나의 외로움을 달래주진 못했다. 병상 중에도 근무수당은 나왔지만 입원기간이 길어질수록 나에겐 이만저만 손해가 아닐 수 없었다.

경제적인 면에서도 그랬지만 내가 한 마음 고생은 이루 다 말할 수가 없었다. 작업을 하지 못하는 데서 오는 조바심과 한국에 있는 가족에 대한 죄책감, 그리고 미래에 대한 불안함이 나를 괴롭히고 또 괴롭혔다. 광산병원에서의 입원생활은 암흑과 같은 세월이었다. 수십 년이 지났건만 지금도 다친 왼손은 힘이 거의 없어 주먹을 못 쥔다. 지금도 막장의 소중한 선물인 흉터가 손바닥에 남아 있다.

제2의 독일생활

'이 꼬질꼬질한 옷이야 뭐야, 보잘것없는 이 물건들을 보시면 어머니께서 얼마나 안타까워하며 흐느껴우실까?'

3년간의 근무기간을 마치고 귀국하겠다고 결정한 나는 귀국 몇 주 전 기본적인 소지품만 남겨두고 짐을 싸서 대부분 고향으로 보냈다. 마음은 이미 고향으로 달려가고 있지만, 내 진로에 대해서는 아직 결정을 내리지 못한 상태다. 3년의 광산생활을 마쳤으니 무조건 고향으로 돌아가야 하는지, 아니면 이곳에 남아 뭔가 새로운 나의 앞날을 개척해야 하는지, 확고한 판단이 서지 않는다. 귀국하든 그렇지 않든 광부로서의 3년 인생을 정리하게 되니 만감이 교차한다.

"권선생, 여기 남아서 우리와 같이 지내며 공부를 하는 게 어떻겠어요?"

헬가의 소개로 만나게 된 전문대학생인 아스트리트(Astrid)의 어머니 로즈마리(Rosmari) 부인이 내게 독일 유학을 권한다. 광부생활이 끝나갈 즈음, 동료 광부의 소개로 만나게 된 독일인 가정 중 하나인데, 오스트리아 출신으로 대학공부까지 마친 나이 예순의 이 부인은 유난히 나를 친자식처럼 여겨, 나 역시 양어머니로 모시게 되었다.

울적한 마음을 위로받기 위해 양어머니 댁을 방문하였지만, 역시 결론은 마찬가지다. 내가 갈팡질팡하고 있는 모습을 보며 양어머니가 조심스럽게 독일 체류를 권유하지만, 나 스스로 중심을 잡지 못한 상태에서 듣게 되는 어떤 누구의 권유도 위로가 되지 않는다. 그도 그럴 것이 독일 체류는 마음만 가지고 되는 것이 아니다. 그것에 따른 금전적인 문제와 대학 입학과 고용계약과, 체류허가 등 해결해야 할 중요한 문제가 매우 많이 있었는데, 나로서는 그것들을 하나하나 해결하기가 거의 불가능했기 때문이다. 그렇다고 그것은 다른 누군가 해결해주리라고 기대할 수도 없는 어려운 장벽들이다. 아무리 양어머니라 해도 그분이 나의 인생을 책임질 수는 없을 테니까.

이런저런 이야기를 나누다 보니 자정이 다 돼간다. 교통편이 끊겨 양어머니 댁에서부터 집까지 무작정 걸었다. 독일에 온 뒤 처음으로 1백 리나 되는 낯선 길을 한없이 걷고 또 걸었다. 이렇게 걷기만 하면 모든 문제가 해결되었으면 얼마나 좋을까? 어두운 밤길, 구름이 많이 끼어서 별 하나 보이지 않는 칠흑 같은 길, 마치 지금의 내 심정처럼 답답하고 내 앞길처럼 험난한 것 같다. 6.25전쟁이 한창이던 1951년, 어머니와 함께 형님을 만나러 논산 훈련소를 찾아갈 때의 초등학생인 나를 떠올려보았다. 그리고 웃다가 울다가 걷고 또 걸었다.

'한국에 돌아갔다면 지금쯤 나의 부모, 형제의 품안에서 편안히 생활할 것인데, 왜 나는 이러한 고생길을 선택하려 하는가! 이것이 하나님의 뜻인가…….'

고향으로 갈지 남아서 다른 길을 찾을지 갈팡질팡 갈등을 겪기는 했지만, 광산 근무가 끝나는 것과 때를 같이해 서울행 비행기 표를 구입하고 말았다. 귀국일이 되어 처음 독일에 도착했던 뒤셀도르프 공항에서 보딩패스까지 받았다.

"권선생, 이렇게 가버리면 안 돼요. 다시 한 번 생각해봐요. 이왕 고생했으니 좋은 결실을 맺어야 하지 않겠어요? 한국에 지금 가는 것도 행복하겠지만, 공부를 하고 가면 더 행복한 날이 기다릴 겁니다. 힘들더라도 조금만, 조금만 더 참아 봐요, 우리가 있잖습니까."

로즈마리 부인과 딸 아스트리트가 공항까지 따라와 나의 귀국을 극구 반대했다. 물론 공부도 하고 싶은 터라, 나는 결국 비행기에 오르지 않았다. 이 날 비행기를 탔더라면 나의 운명은 또 달라졌을 것이다. 고향에서 농사를 짓거나 장사를 하거나 아니면 또 무엇이 되었을까?

'내일이면 부모형제를 만날 거라는 부푼 꿈으로 3년을 기다려 왔건만 지금 나의 이 결정은 올바른 것인가?'

혈육과의 만남을 뒤로 한 채 다시 공항 문을 빠져나오는 내 발걸음은 터벅터벅 둔탁한 소리만큼이나 무거웠다. 로즈마리 부인 댁에 도착할 때까지 얼마나 많이 울었는지 상상할 수조차 없다. 그 뒤 열흘간을 눈물로 지새웠다. 3년간의 광산 생활의 허무함과 귀향의 좌절, 무엇보다도 몸이 몹시 아팠다. 제2의 독일 생활에 적응하기까지 한참의 세월이 걸렸다.

늦깍이 독일 유학생의 12년

초등학교 2학년 때 담임선생님을 무척 좋아하여 그 때부터 나의 꿈은 초등학교 교사였다. 로즈마리 부인에게 나의 포부를 이야기했더니, 국립 사범대학이 어떠냐고 권유한다. 당시 외국인으로서 국립 사범대학에 들어가는 것이 제도적으로 불가능했던 것으로 기억한다. 그런데 부인은 대학 학장에게 직접 전화를 하여 내 꿈과 희망을 이야기할 수 있는 상담 기회를 만들어주었다. 그 결과 나는 특별 입학 혜택을 받아 아헨교원대학교 대학생이 되었다. 나를 막아서던 철옹성 같던 굳건한 장벽들이 하나하나 차례로 무너져 내리는 느낌이었다.

'이제 고향 가는 건 당분간 힘들겠다. 이미 선택은 내려졌다. 다시 새로운 독일생활이 시작되는 것이다. 돌아갈 수 없는 강을 건넌 것이다. 공부야 광산일 보다는 쉽지 않겠는가? 나에겐 비상한 각오가 필요하다. 권이종, 다시 일어서는 거야, 다시!'

옷차림도 초라한 나이든 동양인 학생, 이것이 나의 모습이다. 대학생 등록번호 201859. 고등학교 졸업 후 8년 만에 전북 장수 촌놈이 다시 책가방을 들게 된 셈이다. 첫날 학교 건물과 이곳저곳을 구경하느라 바빴다.

'권이종, 참으로 출세했다! 드디어 공부를 하게 되었구나. 하나님 감사합니다. 제가 공부를 마치는 날까지 제게 지혜를 주시고 인도해주시기를 간절히 빕니다.'

내가 공부를 하게 되다니 믿을 수 없었다. 그러나 기쁨도 잠시, 강의실에 외국인은 나 혼자였다. 지난 3년간 독일어를 공부한다고 나름대로 노력했는데, 첫 강의 때 아무 말도 알아들을 수 없었다. 일상적인 말과 학술용어는 큰 차이가 있었다. 막장에서 쓰는 노동 용어와 욕만 주로 하며 3년간을 지낸 광부 출신이, 대학교수의 강의를 제대로 알아들으면 그거야 말로 비정상이다. 귀는 있으되 무슨 내용인지 모르니 있으나 마나 한 귀다.

'기죽을 필요 없어, 처음엔 모든 것이 누구든 어려운 법이야. 결실이 중요하니 끝까지 가보자고.'

시작이 반이다. '시작이 좋으면 끝도 좋다(Aller Anfang ist Schwer)'라는 독일 격언이 생각났다. 나는 나 자신과 약속을 했다. 이때의 굳은 결의가 유학생활 12년 동안 흔들리지 않게 지탱해줄 수 있는 밑거름이 되었다.

나는 한국에서도 대학에 들어가서 공부할 만한 조건이 아무것도 갖추어져 있지 않은 환경이었다. 그랬던 내가 이국 땅 독일에서 대학생이 되었다는 것은 나에게는 참으로 일생일대의 큰 사건이었다. 그랬기 때문에 대학생활 중에 아무리 힘든 일이 생긴다 해도, 입학 당시의 흥분된 마음 상태 그대로 유지하면서 12년 간 대학을 다녔다.

1960년대의 외국 유학생들은 한국에서 여유 있는 가정의 자녀들이나, 고위층 가정의 자녀들이 대부분을 차지했다. 물론 내가 공부했던 아헨교원대학에도 10명 내외의 한국 유학생들이 있었다. 나는 광부 출신이었기 때문에 나 자신에 대한 열등의식으로 인해 초창기에는 학생회에도 잘 나가지 않았다. 더욱이 나에게는 생계를 유지하기 위한 생활비를 버는 일이 급선무였기 때문이다. 대학생활에서 흘린 눈물도 광부생활 때 흘린 눈물 이상이었다.

독일에는 대학의 학부, 대학원 모든 과정에 학비가 없다. 오히려 가정의 생활수준 및 수입 정도에 따라서 어려운 학생들에게는 집세와 학비 등을 지원해준다. 대학 재학 중이던 1971년에는 캠퍼스에서 운명처럼 만난 지금의 아내와 부부의 연을 맺었다. 명문 전주여고 출신의 아내는 간호사로 파독, 몇 년 동안 병원에서 근무한 후 대학

에 진학해 사회복지학을 공부하고 있었다. 장미꽃이 만발한 봄날 우리는 대학 식당에서 교수와 학생들이 지켜보는 가운데 결혼식을 올렸다. 당시 지역신문은 한국에서 온 광부와 간호사가 유학생이 되어 결혼하게 된 것은 매우 특별한 인연이라고 보도했다.

결혼 후에는 생활에 여유가 생겨 교육학 석사와 박사 코스까지 무사히 마칠 수 있었다. 또한 초등교사 국가시험에도 합격, 꿈에 그리던 교사 자격증을 취득했다. 한동안 독일에서 한글학교를 운영하며 청소년 교육에 힘쓰던 나는 1979년 전북대 조교수로 부임, 한국을 떠난 지 16년 만에 귀국했다. 이렇게 어려운 공부를 무사히 마치고 광부 신분으로 독일에 갔다가 교수 신분으로 귀향했다. 가난을 이겨 보겠다고 광부로 떠난 청년이 교수가 되어 돌아왔으니 금의환향한 셈이다.

내가 이렇게 성공하기까지는 아내의 헌신적인 많은 희생이 뒤따랐다. 네 명의 자녀를 훌륭히 키워 사회 각 분야에서 필요한 인재로 활동하고 화목한 가정을 꾸려준 데 대해 늘 감사한 마음 금할 수가 없다.

학문의 아버지, (故)퇴겔러(Pöggeler) 교수

퇴겔러 교수는 많은 전공 지식과 탁월한 외국어 능력을 가지고 계셨다. 영어는 물론, 불어, 러시아어, 라틴어 등을 자유롭게 구사하며, 세계 여러 나라에서 평생교육과 청소년 분야에 대한 강의를 하셨다. 원고 없이 항상 간단한 메모로 즉석에서 훌륭한 강의를 쏟아 내셨다. 그는 독실한 천주교 신자였고, 사모님은 초등학교 교사 출신이었다. 자녀는 아들만 넷이 있는데 큰아들은 의사, 둘째는 전문 예술대학 출신, 셋째는 직업학교 졸업, 그리고 막내는 버스 운전기사이다. 교수님 본인은 세계적으로 유명한 교수이지만, 자녀들의 진로를 부모 욕심에 맞춰 강용하지 않으셨다. 물론 다른 독일 부모들도 같은 교육관을 가지고 자녀와 제자들을 지도한다. 학생이나 자녀들이 스스로 진로를 결정하도록 학습권과 자율권을 최대한 보장해준다. 독일인들이 그러하지만, 교수님의 검소한 생활은 따라 올 사람이 없다. 가구는 물론 도구도 대부분 수십 년 된 물건들이다. 16년 동안 가깝게 지내면서 승용차나 가구를 바꾸는 것을 본 적이 없다. 나와 아내의 자녀 교육관도 독일 국민들과 같은 맥락이다. 귀국한 후 퇴겔러 교수님은 나의 초청을 받고 한국에 4번 방문하셨다. 한국의 사회교육법 제정과 한국 청소년운동에 대한 자문, 전북대학교 국립사회교육연구소 창설과 세미나 주제 발표, 한국청소년개발원과 독일문화원 세미나 발표와 자문 등 푀겔러 교수님은 한국의 평생교육과 청소년 육성 정책에 기여하셨다.

퍼겔러 교수님을 만나지 못했더라면 지금의 나는 있을 수 없다. 13년간 나를 지도하신 스승의 은혜를 잊을 수 없다. 5월 15일 스승의 날이 다가오면, 여전히 푀겔러 교수님이 무척 보고 싶다. 2009년에 작고하셨다는 소식을 듣고 우리 가족을 포함하여 나는 참으로 많은 눈물을 흘릴 수밖에 없었다.

독일에는 박사과정을 지도하는 지도교수를 독터파터(Doktervarter)라 부르는 전통이 있다. “박사 아버지”란 뜻이다. 교수가 제자를 지도하는 수고로움이 부모가 자녀를 양육하듯 한다는 의미에서 생긴 호칭인데, 푀겔러 교수님은 진정한 나의 독터파터이다. 독일에서 만난 부인과의 약혼식과 결혼식에도 참석하여 주시고, 유학생 부부가 된 우리 가족을 교수님 댁으로 초청해 같이 지내기도 했다. 푀겔러 교수님께 박사학위를 취득한 한국인 제자는 4명이다. 한국교원대학교 교수가 된 나를 비롯, 목포대학교 박고훈 교수, 한국양성평등교육진흥원 안이환 교수, 한국정보교육연구소 김미환 소장 등이 그들이다.

잊을 수 없는 고(故) 이규호 장관

본인은 참으로 많은 사람들과의 만남을 통하여 성장하고 성공할 수 있는 계기가 되었다.

독일에서 성공적으로 공부할 수 있게 심신의 환경을 조성해 준 인물이 푀겔러 지도교수였다면, 귀국 후 나의 학문세계를 활발하게 펼쳐나갈 수 있도록 가장 큰 영향을 미친 인물은 이규호 장관님이다. 1979년 2월 독일에서 교육학 박사학위 취득 후 임시 귀국을 했다. 한국에서 대학을 나오지 않았던 터라 아무런 학연이 없어, 여러 대학의 총장님과 학과 교수님들을 무작정 찾아다니며 채용해 줄 것을 부탁했다. 당시 독일 교육학 박사학위 취득자가 우리나라에 거의 없었기 때문에, 일자리를 찾는 것이 그리 어렵지는 않았다. 몇몇 대학에 기회가 닿았는데, 16년 간 애타게 그리워했던 고향의 전북대학교 교육학과 조교수로 들어가기로 마음을 굳혔다. 그러나 막상 전북대학교에 들어가는 것도 쉽지 않았다. 한국에서 대학도 안 나오고 광부 출신인 나를 환영할 리 만무했는데, 학과장이셨던 H 교수님의 적극적인 도움으로 다행히 교수로 임용되었다. 지금도 H 교수님의 은혜는 잊지 못한다.

1981년 겨울, 학교에 출근하자마자 당시 '문교부'라

불리던 교육부 김판영 차관실에서 전화가 왔다. 바로 교육부로 올라오라는 내용이었다. 곧 교육부 차관실로 찾아갔더니, 교육부 상임자문위원으로 파견근무를 하라는 장관님의 지시사항을 전달받았다. 자문 분야는 평생교육, 사회교육, 개방대학 신설과 청소년운동에 관한 것이었다. 아, 이 얼마나 숙원하던 일인가! 독일에서 온몸을 바쳐 공부하고 갈고 닦았던 학문 분야를 드디어 고국에서 펼칠 수 있게 된 것이니, 가슴이 벅차올랐다. 나라와 청소년 교육과 육성을 위해 내 꿈을 펼칠 수 있는 절호의 기회가 온 것이다.

이렇게 처음으로 이규호 장관님을 만나게 되었고, 그 뒤 3년간 교육부에 파견되어 근무를 하였다. 여기저기 사무실을 옮겨 다녔는데, 최종적으로 현 정부종합청사 1717호에서 나는 3년간의 임무를 마쳤다. 교육부에서 일하는 동안 장관께서는 내가 하고자 하는 많은 교육 사업을 행정적, 재정적인 면에서 최대한으로 지원해주셨다. 소신껏 일할 수 있는 여건이어서 보람차고 행복한 나날을 보냈다. 종합청사 출근 오전 7시, 퇴근은 항상 밤늦은 시간이었다. 당시 개방대학 설립과 한국 청소년운동의 초석을 다지는 일이 주요 사업이었고, 고등고시에 합격한 사무관이 새로 부임하여 든든한 원군이 생겨서 사회교육법 제정에 박차를 가했다. 특히 개방대학과 청소년연맹 창설의 구상에서부터 실현 그리고 완성까지 기초 작업의 산파 역할을 했다. 한국에 학연이 없던 내가 교육부 상임위원으로 3년간 일하고 나자 교육계는 물론 각계각층에 많은 사람들과 친교를 나눌 수 있게 되었다. 이때의 인간적인 만남은 오늘날의 내가 있게 한 밑거름이자 무엇과도 바꿀 수 없는 가장 큰 자산이었다.

파독광부의 눈물

2010년 2월 8일, 쾰러(Köhler) 독일 대통령 내외분을 위해 열린 청와대 만찬에 초대받아 참여하는 기회가 주어졌다. 만찬에 앞서 식순에 따라 양국 국가의 멜로디가 흘러나왔고 나는 47년 전 광부 신분으로 독일 광산의 새까만 강당에서 불렀던 애국가와 교수의 신분으로 청와대 영빈관에서 부르는 애국가를 들으며 희비가 교차하였다. 마음속으로 한없는 눈물을 흘렸다. 파독광부와 간호사들의 그동안 한 맺힌 응어리를 확 풀어주는 자리였다. 1964년 12월 8일 박정희 대통령이 우리에게 "고국에 배고픈 국민을 생각하면 피눈물이 난다."고 하시며 "3년간 한국 국민의 자존심을 걸고 열심히 일하고 한국에 돌아오면 대통령이 국가 발전에 기여를 인정할 것이다."라는 박 전대통령의 말씀이 이제 실감이 났다. 독일 막장에서 석탄가루와 눈물을 먹었던 일에 보람도 느꼈다. 지금껏 어느 대통령이던 우리가 국가 발전에 기여한 공을 물질적인 면보다는 정신적인 면을 인정해주기를 간절히 바래왔다. 그런데 이제야 드디어 우리들의 그러한 애환을 2010년 2월 8일 현대통령이 인정해 준 것이다. 독일 대통령은 한국 광부와 간호사가 독일 산업 발전에 도움이 되었으며 그들의 근면과 성실함이 도움이 되었다고 했다. 여기에 대한 화답으로 한국 대통령도 파독광부와 간호사 2만 여 명이 외화를 벌어 들여 한강의 기적과 한국 근대화에 점화역할을 한 것에 대하여 직접 언급하셨다.

우리는 국가에서 공식적으로 최초 외화벌이를 위하여 외국에 보내졌던 그룹이며, 외화벌이 첫 삽을 뜬 역군이 바로 파독광부이다. 한국은 당시 국민소득 87불에 불과해 전 세계 120개 국가 중에서 가장 가난한 나라 중 하나였다. 우리가 처음 독일에 도착했을 때 독일 광부들이 우리에게 한 질문은 "너희는 한국에서 초등학교는 나왔니, 목욕탕이 있느냐, 자동차 한 대라도 있느냐, 한국이 어디에 있느냐." 등의 빈국과 관련해 우리를 놀려대는 질문들이었다.

그러나 지금 한국은 47년 전 대통령이 독일 정부에 돈 빌려 달라고 간청했으며 다른 나라의 도움을 받던 나라에서 도와주는 나라로 위치가 바뀌었다. 독일 대통령도 우리나라 대통령에게 한국이 G20 정상회의 개최국으로 국제적 지도자로서 세계 공동체를 이끌어갈 역량이 충분함을 시사하였다.

우리는 2008년 9월 9일 한국파독광부연합회를 설립하여 우리가 죽기 전에 46년 전 애환을 조명한 역사적 기록으로 560페이지의 백서와 30분짜리 다큐영화의 숙원사업을 제작하여 국가기록원에 제출했고 현재 활발히 활동하고 있다.

쾰러(Köhler) 독일 대통령의 방한은 파독광부와 간호사들이 독일 땅에서 흘린 눈물을 국민들과 젊은 세대들에게 알리는 좋은 계기가 되었다. 독일 막장에서의 꿈과 희망을 안고 광부의 일을 마치고 전 세계에 뿔뿔이 헤어져 살고 있는 7,968명의 광부와 만 명 이상의 파독 간호사, 이미 고인이 된 100여 명의 광부 출신과 장애인으로 생활하는 회원과 진폐증 등으로 사경을 헤매는 동료들은 이제 정부에 대한 섭섭함을 거두고 우리나라와 독일에 보답해야 할 때이다. 남은 과제는 외국인 노동자들의 권익을 위한 일, 다문화와 새터민을 위한 사업, 독일에서와 같이 한국에 파독 광부·간호사 기념관 건립 등이다.

이 글을 마무리 하며 몇 마디 더 부언하자면, 나는

2006년 2월 28일 25년간의 대학 강단 생활을 무탈하게 마치고 정년 퇴임하였다. 정부에서 조사한 바에 의하면 파독 광부 · 간호사 전체 중에서 유일한 국립대 교수를 역임하였고 차관급의 공직생활을 했다고 한다. 학자생활을 하면서 60여 권의 저서와 200여 편의 연구논문을 업적으로 남겼다. 고희가 지난 지금도 건강한 몸으로 아침 5시부터 밤늦게까지 독일 광산에서 일했던 그 이상으로 한국파독광부총연합회 일을 열심히 하면서 살고 있다. 특히 지난 3년 전부터 몇몇 뜻이 있는 구성원들과 사단법인 한국파독광부총연합회를 창설하여 상근이사로 임무를 추진하면서 언젠가는 우리 파독 광부 · 간호사들이 이 세상에 존재하지 않을 때 우리들의 헌신적 희생을 통하여 한국 경제 발전에 크게 기여한 역사적 사실을 재조명하고자 한다.

이들의 잊혀진 47년 역사를 되돌아보면서 21세기 한민족 시대의 새로운 역사를 창조하는 업적을 널리 알리고 그들이 남긴 업적이 후손들에게 영원히 기억할 수 있도록 (가칭) '파독 광부 · 간호사 기념관'과 유스호스텔을 건립하는 것이 우리 2만 5천 여 명의 남은 여생의 최고 목표일 것이다. 광산에서 지하 수 천 미터를 내려가며 죽지 말고 살아서 지상으로 올라오라는 글뤽 아우프(Glück Auf)인사로 대신하고자 한다.

집필책임자: 권이종(본 연합회 부회장, 한국교원대 명예교수)
집 필 위 원: 김태우(본 연합회 회장, 신영영화사 대표)
김성수(의학박사, 고려대학교 명예교수)
권광수(공학박사, 단우기술단 회장)
신광식(전 경기도의원)
염수용(전 대성-엔겔(주) 대표)
성호현(본 연합회 부회장)
엮 은 곳: (사)한국파독광부총연합회
서울시 서초구 서초3동 1599-2 엘지에클라트 726호
Tel. 02-581-7891 / Fax. 02-2275-7890
E-mail. kdg7891@yahoo.co.kr
홈페이지 http://www.kdg.or.kr

막장 속에서 피어난 꿈 - 광부들의 삶 -

2010년 12월 15일 제1판 1쇄 인쇄
2010년 12월 21일 제1판 1쇄 발행

엮은이 : 권 이 종
발행인 : 한 정 주
발행처 : 지성공간

엮은이와 협의하에 인지생략

경기도 파주시 교하읍 문발리
파주출판문화정보산업단지 514-5
전화(031)955-6952 / 팩스(031)955-6037
Home-page : www.kyoyookbook.co.kr
E-mail : kyoyook@chol.com
등록 : 1970년 5월 18일 제2-73호

낙장 · 파본은 교환해 드립니다.
Printed in Korea.

정가 5,000 원
ISBN 978-89-961723-6-9